Stefan Kürle

Gottesbegegnungen im Alten Testament

Wendepunkte im Leben

Der Verlag weist darauf hin, dass jede Form der Vervielfältigung dieses Materials, auch in kleinen Mengen, nicht erlaubt ist.

Der Autor:
Prof. Dr. Stefan Kürle, Jg. 1973, ist evangelischer Theologe. Neun Jahre hat er in Brasilien an einer theologischen Hochschule gelehrt und lebt nun mit seiner Familie in Berlin-Neukölln. Am Theologischen Studienzentrum in Berlin, einem Partner der Evangelischen Hochschule Tabor, lehrt er seit 2017 Biblische Theologie und hat die Studienleitung für den Bachelorstudiengang Theologie, Sozialraum, Innovation.

Konzeption und Text: Stefan Kürle
Lektorat: Konstanze von der Pahlen

3. Auflage 2024

Umschlagmotiv: shutterstock
Umschlaggestaltung: Annika Mengel
Satz: Die Feder GmbH, Wetzlar
Druck: Arkadruk, Polen
ISBN 978-3-7655-0772-4

Inhalt

Verzeichnis der Abkürzungen

Altes Testament

1 Mo	Das erste Buch Mose
2 Mo	Das zweite Buch Mose
3 Mo	Das dritte Buch Mose
4 Mo	Das vierte Buch Mose
5 Mo	Das fünfte Buch Mose
Jos	Das Buch Josua
Ri	Das Buch über die Richter
Ruth	Das Buch Ruth
1 Sam	Das erste Buch Samuel
2 Sam	Das zweite Buch Samuel
1 Kön	Das erste Buch über die Könige
2 Kön	Das zweite Buch über die Könige
1 Chr	Das erste Buch der Chronik
2 Chr	Das zweite Buch der Chronik
Esra	Das Buch Esra
Neh	Das Buch Nehemia
Est	Das Buch Esther
Hiob	Das Buch Hiob
Ps	Die Psalmen
Spr	Die Sammlung der Sprüche
Pred	Der Prediger Salomo
Hld	Das Hohelied
Jes	Der Prophet Jesaja
Jer	Der Prophet Jeremia
Klgl	Die Klagelieder des Jeremia
Hes	Der Prophet Hesekiel
Dan	Der Prophet Daniel
Hos	Der Prophet Hosea
Joel	Der Prophet Joel
Am	Der Prophet Amos
Ob	Der Prophet Obadja
Jona	Der Prophet Jona
Mi	Der Prophet Micha
Nah	Der Prophet Nahum
Hab	Der Prophet Habakuk
Zef	Der Prophet Zefanja
Hag	Der Prophet Haggai
Sach	Der Prophet Sacharja
Mal	Der Prophet Maleachi

Neues Testament

Mt	Das Evangelium nach Matthäus
Mk	Das Evangelium nach Markus
Lk	Das Evangelium nach Lukas
Joh	Das Evangelium nach Johannes
Apg	Die Apostelgeschichte
Röm	Der Brief des Paulus an die Christen in Rom
1 Kor	Der erste Brief des Paulus an die Christen in Korinth
2 Kor	Der zweite Brief des Paulus an die Christen in Korinth
Gal	Der Brief des Paulus an die Christen in Galatien
Eph	Der Brief des Paulus an die Christen in Ephesus
Phil	Der Brief des Paulus an die Christen in Philippi
Kol	Der Brief des Paulus an die Christen in Kolossä
1 Thess	Der erste Brief des Paulus an die Christen in Thessalonich
2 Thess	Der zweite Brief des Paulus an die Christen in Thessalonich
1 Tim	Der erste Brief des Paulus an Timotheus
2 Tim	Der zweite Brief des Paulus an Timotheus
Tit	Der Brief des Paulus an Titus
Phlm	Der Brief des Paulus an Philemon
Hebr	Der Brief an die Hebräer
Jak	Der Brief des Jakobus
1 Petr	Der erste Brief des Petrus
2 Petr	Der zweite Brief des Petrus
1 Joh	Der erste Brief des Johannes
2 Joh	Der zweite Brief des Johannes
3 Joh	Der dritte Brief des Johannes
Jud	Der Brief des Judas
Offb	Die Offenbarung des Johannes

Fragen zu diesem Kurs

Zielsetzung

1. Worum geht es in diesem Kurs? Um drei Ziele, die alle wichtig sind:

a. Nahrung für die Seele. „Der Mensch lebt nicht vom Brot allein, sondern von dem Wort, das Gott spricht." In seinem Wort stellt Gott sich uns vor. Hier können wir ihn kennenlernen. Wer mehr über Gott und den christlichen Glauben erfahren will, muss sich mit der Bibel beschäftigen. Wer als Christ im Glauben wachsen will, muss sich aus dem Wort Gottes „ernähren".

b. Gemeinschaft. Im Gespräch über Glaubensfragen und Lebenserfahrungen kommen wir einander näher und können zu einer tragfähigen Gemeinschaft zusammenwachsen.

c. Wachstum der Gruppe. Dieser Kurs wendet sich auch an Menschen, die bisher mit der Bibel wenig in Berührung gekommen sind. Wenn Sie immer wieder andere zu Ihren Treffen einladen, kann die Gruppe wachsen, bis eine Teilung nötig wird. Beide neuen Kreise sollen wieder wachsen, bis sie zu groß sind und sich teilen – und so weiter.

Teilnehmer

2. Für wen soll dieser Gesprächskreis sein?
- Für Menschen, die sich – neu oder wieder – intensiver mit dem christlichen Glauben beschäftigen wollen.
- Für Menschen, denen Kirche und Glauben fremd geworden sind, die aber nach einem neuen Zugang zum Glauben suchen.
- Für Menschen, die mit Schwierigkeiten zu kämpfen haben und eine Gruppe suchen, die Unterstützung und Zusammenhalt bieten kann.
- Für Menschen, die angesichts vieler Unsicherheiten nach einer tragfähigen Hoffnung suchen.
- Für Menschen, die im Gespräch über Glaubensfragen und im Gebet füreinander in ihrem Glauben wachsen möchten.

Der erste Schritt

3. Wie sollen wir anfangen? Machen Sie sich eine Liste mit den Namen, die Ihnen jetzt als mögliche Teilnehmer einfallen. Suchen Sie sich einen Platz, an dem Sie die Liste täglich vor Augen haben. Lassen Sie sie dort, bis Sie alle, die Sie auf Ihrer Liste notiert haben, gefragt haben, ob sie Interesse an einem solchen Gesprächskreis haben.

Das erste Treffen

4. Was geschieht beim ersten Treffen? Sie treffen eine Vereinbarung darüber, was Sie in den nächsten Wochen gemeinsam tun wollen. Sie fasst Ihre Erwartungen und „Spielregeln" für die Gruppe zusammen.

Spielregeln

5. Wie entsteht die Vereinbarung? Sprechen Sie über die nachfolgenden Fragen, und notieren Sie die Punkte, bei denen Sie Einigung erzielen. So können Sie am Ende des Kurses gut beurteilen, ob Sie Ihre Ziele erreicht haben.
- Was ist der Zweck Ihrer Treffen?
- Wie oft wollen Sie sich treffen? (Dieser Kurs bietet Ihnen Gesprächsanregungen für zehn Treffen. Wenn Sie danach weiterhin zusammenkommen wollen, verlängern Sie einfach Ihre Vereinbarung.)

- Wo wollen Sie sich treffen?
- Um welche Uhrzeit sollen die Treffen beginnen?
- Wie lange sollen sie dauern?
- Möchten Sie Getränke und etwas zum Knabbern bereitstellen? Wer ist dafür zuständig?

Hilfreich ist es, wenn Sie außerdem Regeln für das Gespräch in der Gruppe vereinbaren. Dazu könnten folgende Vereinbarungen gehören:

- Was in diesem Kreis gesagt wird, ist vertraulich und wird nicht nach außen getragen.
- Wir reden nicht übereinander, sondern miteinander.
- Gesprächsbeiträge werden nicht bewertet; jeder Teilnehmer wird mit seiner Meinung ernst genommen.
- Es gibt keine „unmöglichen" Positionen. Wenn es Meinungsunterschiede gibt, begründet jeder seine eigene Sicht.

- ________________________________

____

____

____

____

Sie können ergänzen, was Ihnen sonst noch für Ihre Gruppe wichtig erscheint.

Zeitlicher Rahmen

6. Wie lange dauert ein Treffen? Die Mindestzeitangaben für die einzelnen Bausteine des Treffens sind für Gruppen gedacht, die nur eine Stunde zusammen sein können. Wenn Sie mehr Zeit zur Verfügung haben, verlängern Sie die angegebenen Zeiten einfach entsprechend.

Gesprächsinhalt

7. Was wird bei den Treffen besprochen? In den Gesprächen geht es – ausgehend von ausgewählten Bibeltexten – um einschneidende Erlebnisse einzelner Menschen mit Gott. Diese Begegnungen haben bleibende Spuren im Leben der Beteiligten hinterlassen. Deswegen wurden sie auch für die Nachwelt schriftlich festgehalten.

Natürlich interessieren uns nicht nur die damaligen Gottesbegegnungen. Letztlich geht es um unsere eigenen Begegnungen mit dem Gott, den wir von Jesus her kennen. In den Gesprächen soll aber nicht nur die private, individuelle Seite bedacht werden, sondern auch die Möglichkeiten, die sich durch unsere Gottesbegegnungen für Gottes Wirken in unserem Umfeld auftun.

Bibelkenntnis

8. Und wenn jemand in der Gruppe wenig von der Bibel weiß? Kein Problem! Dafür ist die Gruppe ja da. Die *Erläuterungen* geben Ihnen Hinweise zum Verständnis größerer Zusammenhänge, einzelner Ausdrücke, geschichtlicher Hintergründe oder wichtiger Einzelheiten im Text. Greifen Sie immer dann auf die Erläuterungen zurück, wenn der Sinn des Textes sich nicht von selbst erschließt.

„Hausaufgaben"

9. Was muss ich sonst noch tun? Nichts, wenn Sie nicht wollen. Aber Sie können über das hinausgehen, was in der Gruppe besprochen wird. Nicht immer werden Sie alle Erläuterungen gemeinsam in der Gruppe lesen und alle Fragen diskutieren können. Wenn Sie die Zusatzinformation voll ausschöpfen möchten, haben Sie dafür zwei Möglichkeiten:

Lesen Sie die Einführung zum Gesamtthema des Heftes und vor jedem Treffen den jeweiligen Text und die Erläuterungen vorbereitend zu Hause.

Oder:

Vertiefen Sie das Gespräch über einen Text nachbereitend, indem Sie den Text noch einmal im Zusammenhang lesen. Nehmen Sie sich Zeit, die Erläuterungen zu studieren und einzelnen Fragen für sich persönlich noch weiter nachzugehen.

Der Traum

10. Der Traum, der dahintersteckt: Lebendige Kleingruppen. Menschen finden sich zusammen, um zu einer Gemeinschaft zu werden, in der jeder eine Heimat findet und mit seinen Freuden und Schwierigkeiten angenommen ist. Menschen kommen zusammen, reden über ihr Leben und ihren Glauben und begegnen der Bibel – unabhängig davon, ob sie zu einer Gemeinde gehören oder nicht.

Serendipity

11. Was heißt Serendipity? „Das Geschenk, zufällig glückliche Entdeckungen zu machen". Genau darum geht es bei dem Material *Lebendige Kleingruppen:* dass Menschen zusammenkommen, ihre Erfahrungen austauschen, der Bibel begegnen und dabei wertvolle Entdeckungen für ihr Leben machen – möglicherweise solche, mit denen sie nicht gerechnet haben.

Hinweise für Gruppenleiter

12. Hilfe für Gruppenleiter. Weitere Materialien für Bibelgesprächskreise finden Sie auf unserer Homepage:
www.brunnen-verlag.de/serendipity

Wie verläuft ein Treffen?

Jedes Treffen besteht aus drei Teilen:

Einstieg

15–20 Minuten

Der Einstieg bietet Hilfen an, um sich untereinander kennenzulernen und ins Gespräch zu kommen. Er ist ein wichtiger Pfeiler der Beziehungsbrücke, über die Gemeinschaft entsteht.

Bibelgespräch

30–45 Minuten

Lesen Sie den Bibeltext zunächst gemeinsam. Die Fragen geben Ihnen einen Leitfaden für Ihr Gespräch. Greifen Sie immer dann auf die Erläuterungen zurück, wenn der Sinn des Textes sich nicht von selbst erschließt.

Sie werden vielleicht nicht alle Fragen in der zur Verfügung stehenden Zeit ansprechen können. Wählen Sie dann einfach die aus, die Ihrer Gruppe am wichtigsten erscheinen.

Zu manchen Fragen möchten Sie sich vielleicht nicht in der Gruppe äußern. Geben Sie aber Ihre Antwort für sich persönlich. Natürlich hat jeder die Freiheit, nur das mitzuteilen, was er wirklich möchte.

Wenn Ihre Gruppe recht groß ist, können Sie auch überlegen, ob Sie sich für das Bibelgespräch – immer oder hin und wieder – in kleinere Gruppen (etwa zu viert) aufteilen. Das gibt jedem Einzelnen die Möglichkeit, häufiger zu Wort zu kommen.

Austausch und Gebet

15–30 Minuten

Hier ist Gelegenheit, den Text noch einmal ganz persönlich auf sich wirken zu lassen und, wenn Sie möchten, persönliche Anliegen anzusprechen. Dieser Austausch und das gemeinsame Gebet füreinander dienen ganz entscheidend dem Zusammenwachsen und dem Aufbau einer tragfähigen Gemeinschaft.

Beenden Sie Ihr Treffen mit einem gemeinsamen Gebet, wenn alle damit einverstanden sind. Hier ist Raum, auch persönliche Anliegen zu nennen und sie im Gebet Gott anzuvertrauen. Wenn Ihre Gruppe keine Erfahrung mit der Form der Gebetsgemeinschaft hat, kann auch die Gesprächsleiterin oder ein Teilnehmer ein abschließendes Gebet sprechen.

Einführung: Gott begegnen

Manchmal denken wir, dass Begegnungen *an sich* uns verändern. Deswegen wünschen wir uns auch Begegnungen mit Gott. Wenn wir nur genügend Gottesbegegnungen oder wenigstens *eine* solche hätten, dann ... ja, dann würde sich alles ändern. Dann hätten wir keine Zweifel mehr an Gott. Dann würde unser Leben endlich die richtige Richtung einschlagen. Dann würden wir endlich mit unseren schlechten Gewohnheiten aufhören. Und dann würde es uns auch nicht mehr so schwerfallen, unseren Alltag Gott wohlgefällig zu leben.

Wenn wir aber mal etwas genauer hinschauen und zum Beispiel die Texte betrachten, die im Alten Testament von Gottesbegegnungen berichten, dann wird uns schnell klar, dass so ein besonderes Treffen mit Gott nicht automatisch bessere Menschen hinterlässt.

Gottesbegegnungen *an sich* verändern niemanden. Vielleicht warten wir manchmal darauf, dass Gott das in uns tut, was er uns eigentlich selbst zu tun überlassen hat. Gott macht nicht, dass wir ihm vertrauen. Er zwingt uns nicht, dass wir ein geistliches und ethisches Leben führen. Wenn wir ihm begegnet sind, braucht es unsere Antwort: Glaube, Liebe und Hoffnung. Dann ist es an uns, ihm nachzufolgen. Gott sei Dank geben uns sein Geist und die Bibel die Kraft, ihm zu folgen, und weisen uns die Richtung. Nur folgen müssen wir selbst.

Erwarten Sie also nicht zu viel! Oder vielleicht besser: Erwarten Sie nicht das Falsche! Gott zu begegnen kann wundervoll sein, aber auch erdrückend. Gott zu begegnen dient nie einem Selbstzweck. Es geht immer darum, dass wir gestärkt oder ermahnt werden und uns verändern.

Gottesbegegnungen sind oft ein Anstoß dafür. Es ist wie beim übersättigten Wasserdampf. Sobald ein Störfaktor da ist, zum Beispiel ein Staubkorn, kann das Wasser kondensieren, und es bildet sich ein Tropfen.

Gottesbegegnungen können solche Störfaktoren sein und Wendepunkte in unserem Leben markieren: „Bis hierhin war es so, aber seitdem ist vieles anders, neu geworden."

Wenn Sie dieses Heft durcharbeiten, werden Sie vor allem über Begegnungen anderer lesen und diskutieren, nachdenken und sich austauschen. Eine eigene Begegnung mit Gott wird das nicht ersetzen. Aber es kann sein, dass Gott Ihnen in einem solchen Gruppentreffen tatsächlich begegnet.

Mein Wunsch ist, dass Ihnen das geschieht. Dann wird Gott Ihnen zeigen, ob Sie Ihre Richtung korrigieren oder eine ganz neue einschlagen, Altes neu denken oder Gewohntes wieder neu wertschätzen sollen.

Zur Auswahl der Texte

Warum kommen alle Texte in diesem Heft aus dem Alten Testament und nicht auch aus dem Neuen? Haben denn die Gottesbegegnungen aufgehört? Nein, ganz sicher nicht. Die Evangelien zum Beispiel sind ja Berichte von Gottesbegegnungen am laufenden Band. Schließlich begegneten die Menschen damals in Jesus Gott selbst.

Ähnlich wie im Alten Testament war das aber oft eine sehr zwiespältige Sache: mal wunderbar, mal schockierend. Und immer war die Antwort des Gegenübers entscheidend.

So wurde die Auswahl also nicht aus theologischen, sondern aus praktischen Gründen getroffen: Es gibt so viele Berichte von Gottesbegegnungen, dass wir uns hier auf einige aus dem Alten Testament beschränken.

Darüber hinaus ist die Nähe Gottes ein Grundthema des Alten Testaments. An Gottes Nähe ist alles gelegen, sein Segen wird mit seiner Nähe in Verbindung gebracht. Doch sie stellt auch Bedingungen an den, der ihm nahe ist. Gott offenbart sich auch, um seinem Gegenüber mitzuteilen, was sich für jemanden gebührt, dem Gott nah ist.

Gottesbegegnungen passieren direkt oder durch Propheten, in Visionen oder durch Engel, die wie Menschen aussehen. Bei alldem wird deutlich, dass Gott einem Menschen nie abstrakt oder unpersönlich begegnet. Nein, Sie werden beim Lesen der ausgewählten Texte feststellen, dass er immer ganz speziell und konkret für diese eine Situation in Erscheinung tritt. Und doch können wir aus diesen Begegnungen auf Gottes Charakter schließen und sie auch für uns verstehen.

Von Gott etwas erwarten?

Außergewöhnliches finden wir in der Regel interessant und anziehend. Wenn Sie von diesen überwältigenden Visionen, Träumen und direkten Begegnungen mit Gott lesen, so könnte die Idee aufkommen, dass Gott immer auf so besondere Weise mit uns reden müsste. Klar, das kann er – und manchmal tut er es auch. Doch eigentlich sollten Gottesbegegnungen zur Normalität werden, zu unserem Alltag.

Ich habe einen Teil des Alten Testaments ausgeklammert, der wohl genau das beschreibt, was doch unsere Wunschvorstellung ist: Gott alltäglich begegnen. Die Psalmen handeln von solchen Gottesbegegnungen. Diese verliefen aber selten nur positiv. Dort wird geklagt und gejammert, gerungen und verzweifelt. Da wird auch gelobt und sich gefreut. Da wird erinnert und nach vorn geschaut.

Das ist unser Alltag. Dort wollen wir Gott treffen, auch wenn es vielleicht nicht schön ist, was dann zum Vorschein kommt – sei es unser Versagen oder unsere menschliche Schwäche.

Einige Fragen auf den folgenden Seiten sind sehr persönlich. Unter Umständen sollten Sie diese Fragen nicht in der Gruppe besprechen, damit Sie nicht unnötig etwas schönfärben müssen oder Ihr Gesicht verlieren. Manche Dinge gehören nur zwischen Gott und Sie selbst. Seien Sie so mutig zu sagen, dass Sie zu dieser oder jener Frage nicht so gerne etwas sagen wollen. Das ist okay. Aber denken Sie weiter darüber nach. Lassen Sie Gott an sich arbeiten, und weichen Sie ihm nicht aus. Dann sind Sie auf einem sicheren Weg, schon bald eine ganz tiefe Gottesbegegnung zu erleben.

1 Adam

1. Mose 1,27-31; 3,8-21

Einstieg
15–20 Minuten
Wählen Sie bitte eine oder zwei Fragen aus.

1. Haben Sie Gott schon einmal vermisst?

2. Was genau macht für Sie eine gute, funktionierende Beziehung aus? Was kennzeichnet eine kaputte Beziehung?

3. Was ist der Unterschied zwischen „über jemanden etwas wissen“ und „jemanden kennen“?

Eine wegweisende und eine unbequeme Begegnung

1. Mose 1

26 Dann sagte Gott: „Jetzt wollen wir den Menschen machen, unser
Ebenbild, das uns ähnlich ist. Er soll über die ganze Erde verfügen: über
die Tiere im Meer, am Himmel und auf der Erde.“ 27 So schuf Gott den
Menschen als sein Ebenbild, als Mann und Frau schuf er sie. 28 Er segnete sie und sprach: „Vermehrt euch, bevölkert die Erde, und nehmt sie in
Besitz! Ihr sollt Macht haben über alle Tiere: über die Fische, die Vögel
und alle anderen Tiere auf der Erde! 29 Ihr dürft die Früchte aller Pflanzen
und Bäume essen; 30 den Vögeln und Landtieren gebe ich Gras und Blät-
ter zur Nahrung.“ 31 Dann betrachtete Gott alles, was er geschaffen hatte,
und es war sehr gut! Es wurde Abend und wieder Morgen: Der sechste
Tag war vergangen.

1. Mose 3

8 Am Abend, als ein frischer Wind aufkam, hörten sie, wie Gott, der
Herr, im Garten umherging. Ängstlich versteckten sie sich vor ihm hinter
den Bäumen. 9 Aber Gott rief: „Adam, wo bist du?“ 10 Adam antwortete:
„Ich hörte dich im Garten und hatte Angst, weil ich nackt bin. Darum
habe ich mich versteckt.“ 11 „Wer hat dir gesagt, dass du nackt bist?“,
fragte Gott. „Hast du etwa von den verbotenen Früchten gegessen?“
12 „Ja“, gestand Adam, „aber die Frau, die du mir gegeben hast, reichte
mir eine Frucht – deswegen habe ich davon gegessen!“ 13 „Warum hast du
das getan?“, wandte der Herr sich an die Frau. „Die Schlange hat mich
dazu verführt!“, verteidigte sie sich.
14 Da sagte Gott, der Herr, zur Schlange: „Das ist deine Strafe: Verflucht
sollst du sein – verstoßen von allen anderen Tieren! Du wirst auf dem
Bauch kriechen und Staub schlucken, solange du lebst! 15 Von nun an

werden du und die Frau Feinde sein, auch zwischen deinem und ihrem Nachwuchs soll Feindschaft herrschen. Er wird dir den Kopf zertreten, und du wirst ihn in die Ferse beißen!"
16 Dann wandte Gott sich zur Frau: „Du wirst viel Mühe haben in der Schwangerschaft. Unter Schmerzen wirst du deine Kinder zur Welt bringen. Du wirst dich nach deinem Mann sehnen, aber er wird dein Herr
sein!" 17 Zu Adam sagte er: „Deiner Frau zuliebe hast du mein Verbot missachtet. Deshalb soll der Ackerboden verflucht sein! Dein ganzes Leben lang wirst du dich abmühen, um dich von seinem Ertrag zu ernähren. 18 Du bist auf ihn angewiesen, um etwas zu essen zu haben, aber er
wird immer wieder mit Dornen und Disteln übersät sein. 19 Du wirst dir dein Brot mit Schweiß verdienen müssen, bis du stirbst. Dann wirst du zum Erdboden zurückkehren, von dem ich dich genommen habe. Denn du bist Staub von der Erde, und zu Staub musst du wieder werden!"
20 Adam gab seiner Frau den Namen Eva („Leben"), denn sie sollte die
Stammmutter aller Menschen werden. 21 Gott, der Herr, machte für die
beiden Kleider aus Fell.

Bibelgespräch

30–45 Minuten
Wählen Sie ggf. unter den Fragen aus.

1. Gott begegnet den Menschen zum ersten Mal (1,28). Was er zu sagen hat, ist also wegweisend. Was wird hier über Sinn und Ziel des Menschseins gesagt?

2. Die Verse 1,27 und 1,31 umklammern die Gottesrede (1,28-30) und setzen auch gedanklich den Rahmen um das Menschsein. Welche Rolle spielt Gott in diesem Rahmen? Worin liegen das Fundament und die Hoffnung des Menschseins begründet?

3. Wie war die Beziehung von Gott und Mensch vor dem „Sündenfall"? Was hat sich danach geändert?

4. Wie könnte man den Begriff „Sünde" von unserem Text her definieren?

5. Was genau haben die Menschen verloren, als sie die Beziehung zu Gott gebrochen hatten?

6. Wie lässt sich Gottes Strategie in der ersten Begegnung mit Adam und Eva beschreiben? Wie geht er auf den Menschen zu? Was versucht er zu erreichen?

7. An welchen Stellen ist unser Text optimistisch, realistisch oder pessimistisch? Inwiefern redet er über unsere jetzige Wirklichkeit? Gibt es Ansatzpunkte für Hoffnung?

8. Was wird durch den Schlusssatz (3,21) ausgedrückt?

Austausch und Gebet
15–30 Minuten

Wählen Sie ggf. unter den Fragen aus. Sie können das Gespräch mit einem gemeinsamen Gebet abschließen, in dem Sie auf mögliche Fragen und Anliegen Bezug nehmen, die im Gespräch deutlich geworden sind. Fragen, die nicht in der Gruppe thematisiert werden, können Ihnen auch als Anstoß dienen, zu Hause den Text vertiefend zu betrachten.

1. Stichwort „Ebenbild“: Inwiefern begegnen wir Gott, wenn wir anderen Menschen begegnen?

2. Inwieweit nehmen Sie Gottes Gestaltungsauftrag aus 1,28 wahr? Gibt es eventuell Änderungsbedarf?

3. Welche Art von Beziehung zu Gott vermissen Sie? Wie könnte eine Beziehung zu Gott heute aussehen, die dem ähnlich ist, was Adam wahrscheinlich in Eden erlebt hat?

4. Welcher Aspekt dieser zwei Gottesbegegnungen hat Sie besonders getroffen? Gibt es etwas, das Sie nun in Angriff nehmen sollten?

Erläuterungen

Zusammenfassung: Vielleicht kann man so weit gehen und in diesem Text sehen, wie die ganze Menschheit Gott begegnet. Aus dieser fundamentalen Begegnung gewinnt der Mensch seine Bestimmung und seine Würde.

1,26. „... unser Ebenbild, das uns ähnlich ist. Er soll über die ganze Erde verfügen: über die Tiere im Meer, am Himmel und auf der Erde.“ Der Text betont nicht so sehr, dass oder wie der Mensch von Gott erschaffen wurde, sondern wozu. Gott hat eine Absicht mit uns. Der Mensch soll die gesamte Schöpfung als gütiger und weiser König „regieren, verwalten“, und zwar stellvertretend für Gott. Das „verfügen“ der hier zitierten Übersetzung „Hoffnung für alle“ klingt nicht so anstößig wie „regieren“ und setzt den Schwerpunkt darauf, dass wir Menschen alle Schöpfung für uns nutzen sollen.
Ursprünglich liegt der Schwerpunkt jedoch woanders: Gemeint ist das Regieren im positiven Sinne. Heute würden wir vielleicht das Wort „managen“ dafür verwenden.

1,27. So schuf Gott den Menschen ... Die Erschaffung des Menschen ist der Zielpunkt der Schöpfungserzählung. Die hier vorliegende, hoch poetische Erzählung setzt alles Geschaffene in Bezug zum Menschen. In dieser Welt hat der Mensch die besten Bedingungen für sein Leben. **... als sein Ebenbild, als Mann und Frau schuf er sie.** Unser Menschsein und unsere Bestimmung können wir nur in unserer geschlechtlichen Dualität ausleben. Hier wird eine mögliche Abstufung der Geschlechter in keinster Weise nahegelegt. Mann und Frau haben im Verwaltungsauftrag ihre gemeinsame Aufgabe bekommen. Diese Aufgabe ist uns auch nicht verloren gegangen, als wir unsere enge und ungetrübte Beziehung zu Gott verloren haben (vgl. Ps 8,7). Nach wie vor nimmt uns Gott in die Pflicht, uns mit dem Einsatz unserer ganzen Kräfte um seine Schöpfung zu kümmern. Dazu braucht es den Segen Gottes, der nun in den Blick kommt.

1,28. Er segnete sie ... Dieser Segen ist nicht nur Gottes Zusprache, sondern wird gleichzeitig zum Auftrag. Die Schöpfung spiegelt den Schöpfer: Der Mensch wird kreativ, schafft Leben und lässt sich in eine wohlgeordnete Welt einbinden. (Die vegetarische Kost steht übrigens nicht im Widerspruch zur Dominanz, die wir gegenüber der Tierwelt zugesprochen bekommen. Sie spiegelt vielmehr das Idealbild der Ungebrochenheit der Beziehung des Menschen zum Rest der Schöpfung.)
Für den Autor unseres Textes gehört der Tod zu seiner Lebenswirklichkeit dazu. Doch hier wird – indirekt, aber doch deutlich – der Tod aus der guten Schöpfung Gottes ausgeklammert. So ist auch das **Macht haben über alle Tiere** nicht als zerstörerische Gewalt gemeint, sondern Gott ermöglicht dem Menschen, seine Managerrolle auszuüben.

Ein weiterer Aspekt dieser Verse – für uns eher versteckt, für den antiken Leser aber mehr als offensichtlich – ist, dass Gott den Menschen versorgt – und nicht umgekehrt. In der Mehrzahl aller anderen Schöpfungserzählungen des alten Vorderen Orients ist es die Bestimmung des Menschen, für die Nahrung der Götter zu sorgen.

1,31. ... alles ... war sehr gut! Aus dem letztgenannten Aspekt wird auch deutlich, für wen diese wunderbare Welt gut ist: für den Menschen. Das ist Gottes erstes Anliegen, dass es dem Menschen gut geht.
Die Schöpfung insgesamt spiegelt in ihrer Harmonie und Perfektion ihren Schöpfer besser wider, als es nur eines ihrer einzelnen Teile könnte.
Doch Gott hat nicht nur geschaffen, er hat auch Regeln und Grenzen bestimmt, innerhalb derer wahres und erfülltes Menschsein möglich ist (1,29-30).
Die erste Begegnung zwischen Mensch und Gott, zwischen dem Geschaffenen und seinem Schöpfer, ist also sinnstiftend. Sie füllt Identität und Rolle des Menschen. Dies ist der Gott, der uns begegnet, und dies ist der Mensch, dem Gott begegnet. Unser Autor weiß natürlich, dass die vorfindliche Welt in einem wesentlichen Bezug anders ist, als er sie eben beschrieben hat. Diese Spannung versucht er mit der nun folgenden Erzählung zu erfassen.

3,8. ... hörten sie, wie Gott, der Herr, im Garten umherging. Die Beschreibung des Gartens mit seinen Bäumen, Flüssen, der Erwähnung des Goldes (2,9-14) betont Gottes herrliche Gegenwart dort. Sie wird nun als bedrohlich bezeichnet: **Ängstlich versteckten sie sich vor ihm** (vgl. V. 10). Hier hat sich Grundlegendes geändert (vgl. 2,25) – und es ist nicht, dass Gott auf einmal begann, abendliche Spaziergänge zu unternehmen. Eine wunderbare und vertrauensvolle Beziehung ist zerbrochen.
Der Mensch fühlte sich wohl von Gott bevormundet, eingeschränkt und kleingehalten. Dieses Misstrauen wird in der Erzählung vom Baum der Erkenntnis thematisiert (3,1-7).

3,9. „Adam, wo bist du?“ So beginnt die Interpretation dieses Urereignisses. Jeder hat seine eigene Sicht, wie es zur Katastrophe kommen konnte. Zunächst schiebt der Mann die Schuld auf seine Frau, welche wiederum die Schuld an die Schlange abtreten will. Sie, die vorher so geschickt Verdächtigungen geäußert hatte, hat jetzt keine Worte mehr.
Gott selbst zeigt nun die Konsequenzen für jeden der Beteiligten auf, und weil diese Geschichte eine grundlegende ist, auch die Konsequenzen für die gesamte Menschheit. Hier geht es nicht um Einzelschicksale, hier geht es um die großen Muster und Strukturen aller Gesellschaften.

Mit **„Adam, wo bist du?“** will der Text nicht Gottes Unwissenheit andeuten, sondern den Menschen dazu einladen, sich der Situation zu stellen. So versteht es auch das Paar. Es kommt hervor und will sich erklären.

3,10. „Ich hörte dich im Garten und hatte Angst, weil ich nackt bin. Darum habe ich mich versteckt.“ Hiermit versucht Adam das offensichtliche Thema zu umgehen. Doch darauf lässt sich Gott nicht ein und fragt direkt nach (V. 11).

3,12. „Ja, aber ...“ In wenigen Worten wird hier ausgedrückt, was Beziehungsbruch (Sünde) schon immer ausgemacht hat: Um die eigene Haut zu retten, wird der geliebte Partner beschuldigt und in einem beispiellosen Akt der Entfremdung Gott als der Grund allen Übels verurteilt **(„die du mir gegeben hast“)**. „Es war Schicksal“, würde man heute vielleicht auch sagen. Die Frau hat nicht mehr viel Raum auszuweichen, und so zerfällt auch die eigentlich gute Beziehung zwischen Mensch und Tier. Nun ist nicht mehr viel an gesunder Beziehung in dieser Welt vorhanden.

In **3,14-21** befiehlt Gott nicht, dass die Welt so auszusehen hätte. (Solch eine Auslegung hatte schon weitreichende und schreckliche Folgen!) Vielmehr beschreibt er die Konsequenzen dieser neuen Situation. Sie steht in Kontrast zur Schöpfung, die doch eigentlich „sehr gut“ ist (1 Mo 1,31: „Dann betrachtete Gott alles, was er geschaffen hatte, und es war sehr gut!“).
Diese erste Beurteilung der Welt steht in großer Spannung zur jetzigen Welt. Warum ist diese ursprünglich so gut geschaffene Welt nicht mehr gut? Weil sie die Konsequenzen dafür tragen muss, dass der Mensch sich angemaßt hat, selbst die Zügel in die Hand zu nehmen und nicht von Gott abhängig zu sein. Deshalb herrscht überall Frustration: Die Schlange ist gedemütigt und wird letztlich scheitern; die Frau muss unter Schmerzen gebären; die Arbeit des Mannes erbringt nicht das Ergebnis, was er aufgrund seiner eingebrachten Mühe erwarten würde.

3,14. „Verflucht sollst du sein.“ Die Schlange wird als Einzige verflucht. Dieser Fluch kann einfach eine Strafe bedeuten, im Fall der Schlange aber wahrscheinlicher die Isolation von allen anderen Tieren. Sonst wird nur der Erdboden wegen der Sünde des Mannes verflucht (V. 17). Das heißt, seine Fruchtbarkeit bleibt weit hinter dem zurück, was eigentlich angedacht war. Beide Male soll die jetzige Realität der Welt beschrieben und in Bezug zum Sündenfall gesetzt werden.
Später nimmt Paulus das auf und schreibt, dass die ganze Schöpfung unter diesem Fluch leidet und auf die Wiederherstellung hofft (Röm 8,22).

3,16. „Du wirst dich nach deinem Mann sehnen, aber er wird dein Herr sein!“ Diese Stelle ist wegen ihrer Kürze schon sehr unterschiedlich ausgelegt worden (sexuelles Verlangen der Frau, emotionale Abhängigkeit usw.). Der Kontext legt nahe, dass die Frau den Wunsch hat, den Mann zu dominieren (vgl. 4,7). Das aber wird der Mann nicht zulassen. Hier wird wohl der ewige Kampf zwischen den Geschlechtern angesprochen – ein Zustand, der weit vom Ideal in 1,26f und 2,18 entfernt ist.

3,19. „... zu Staub musst du wieder werden!“ Hier wird also der Tod angesprochen, der bereits als Konsequenz der Missachtung von Gottes Regel (2,17) angedeutet wurde.

Demgegenüber keimt aber wieder Hoffnung auf, wenn Adam seine Frau „Leben“ nennt (V. 20). Auch wenn Adam nicht ewig leben wird, so wird doch das Leben an sich weitergehen.

Zusammenfassung: Dies ist also die Analyse der heutigen Welt, die unser Text uns anbietet: dass unsere Probleme letztlich Beziehungsprobleme sind. Wir Menschen meinen, ohne Gott besser zurechtzukommen, opfern gute Beziehungen zu unseren Mitmenschen, um selbst besser dazustehen (oft aus Angst) und versuchen (ebenfalls oft aus Angst) die Schöpfung nicht zu verwalten, sondern sie auszubeuten und zu zerstören. Das ist das Grundmuster von Sünde. Der Text zeigt auf, welche fundamentalen Konsequenzen diese Sünde (aus Angst und Selbstzentriertheit geborenes Missachten des anderen) für den Menschen in all seinen Bezügen hat.

2 Hagar und der Gott, der sie sieht

1. Mose 16,1-16

Einstieg
15–20 Minuten
Wählen Sie bitte eine oder zwei Fragen aus.

1. Haben Sie schon einmal einen ungerechten Chef gehabt? Berichten Sie von einer typischen Situation.

2. Erzählen Sie ein Beispiel dafür, dass Ungeduld selten zum gewünschten Erfolg führt.

3. Inwiefern ist Gott davon abhängig, dass wir seine Pläne in die eigene Hand nehmen und umsetzen?

Eine tröstende Begegnung

1-2 Abram und Sarai bekamen keine Kinder. Da schlug Sarai ihrem Mann
vor: „Der Herr hat mir keine Kinder geschenkt. Aber nach den geltenden
Gesetzen kannst du mir durch eine Sklavin Kinder schenken. Ich habe
doch eine ägyptische Sklavin, die heißt Hagar. Ich überlasse sie dir, vielleicht wird mir durch sie ein Kind geboren!"
Abram war einverstanden, 3 und Sarai gab ihm Hagar zur Nebenfrau. Sie
lebten zu der Zeit schon zehn Jahre im Land Kanaan. 4 Er schlief mit Hagar, und sie wurde schwanger. Als Hagar wusste, dass sie schwanger war,
sah sie auf ihre Herrin herab. 5 Da beklagte Sarai sich bei Abram: „Jetzt, wo
Hagar weiß, dass sie ein Kind bekommt, verachtet sie mich – dabei war ich
es, die sie dir überlassen hat! Du bist schuld, dass ich jetzt so gedemütigt
werde! Der Herr soll darüber urteilen!" 6 „Sie ist dein Eigentum", erwiderte Abram, „ich lasse dir freie Hand – mach mit ihr, was du willst!"
In der folgenden Zeit behandelte Sarai Hagar so schlecht, dass sie davon-
lief. 7 Der Engel des Herrn fand sie an einer Quelle in der Wüste auf dem
Weg nach Schur 8 und fragte sie: „Hagar, Sklavin Sarais, woher kommst
du, und wohin gehst du?" „Ich bin meiner Herrin Sarai davongelaufen",
antwortete sie. 9 Da sagte der Engel zu ihr: „Geh zu ihr zurück. Bleib ihre
Sklavin! 10 Der Herr wird dir so viele Nachkommen schenken, dass man
sie nicht mehr zählen kann! 11 Du wirst einen Sohn bekommen. Nenne
ihn Ismael, denn der Herr hat gehört, wie du gelitten hast. 12 Dein Sohn
wird wie ein wildes Tier sein, das niemand bändigen kann. Er wird mit
jedem kämpfen und jeder mit ihm. Aber niemand kann ihn wegjagen. Er
wird in der Nähe seiner Verwandten wohnen."

[13] Da rief Hagar aus: „Den, der mich angeschaut hat, habe ich tatsächlich hier gesehen!“ Darum gab sie dem Herrn, der mit ihr gesprochen hatte, den Namen: „Der Gott, der mich anschaut.“ [14] Seitdem wurde diese Quelle „Quelle des Lebendigen, der mich anschaut“ genannt. Sie liegt zwischen Kadesch und Bered.
[15] Hagar ging wieder zurück. Sie bekam einen Sohn, und Abram nannte ihn Ismael. [16] Abram war zu der Zeit 86 Jahre alt.

Bibelgespräch
30–45 Minuten
Wählen Sie ggf. unter den Fragen aus.

1. Warum war es Sarai so wichtig, Nachwuchs zu bekommen?
2. Was versucht Sarai mit ihrem Vorschlag zu erreichen? Was erreicht sie letztlich?
3. Wie lassen sich die drei (menschlichen) Hauptpersonen in dieser Erzählung charakterisieren?
4. Wer handelt Ihrer Meinung nach in dieser Erzählung korrekt?
5. Gott begegnet Hagar in der Wüste auf dem Weg nach Ägypten. Warum stellt er ihr diese Fragen? Warum gibt er ihr diesen Befehl?
6. An welche andere Verheißung erinnern Sie V. 10-11?
7. Was bedeutet der Ort der Gottesbegegnung für Hagar?
8. Inwiefern hat sich Gott zu dem Ergebnis dieses familiären Chaos gestellt?

Austausch und Gebet
15–30 Minuten

Wählen Sie ggf. unter den Fragen aus. Sie können das Gespräch mit einem gemeinsamen Gebet abschließen, in dem Sie auf mögliche Fragen und Anliegen Bezug nehmen, die im Gespräch deutlich geworden sind. Fragen, die nicht in der Gruppe thematisiert werden, können Ihnen auch als Anstoß dienen, zu Hause den Text vertiefend zu betrachten.

1. Mit welcher Person aus der Erzählung können Sie sich zurzeit am ehesten identifizieren?
2. Inwiefern kann man durch eigenes Handeln Gott bei seinen Plänen nachhelfen? Wo sind hier Grenzen?
3. Gott begegnet einem Menschen hier in einer Notsituation. Hätten Sie sich diese Begegnung an Hagars Stelle so gewünscht? Was entspricht bzw. widerspricht Ihren Erwartungen an Gott in einer solchen Situation?

4. Wenn Sie Gott einen neuen „Namen" geben könnten, welcher wäre es? Aus welcher Erfahrung mit Gott wäre dieser geboren?

Erläuterungen

Zusammenfassung: Die Erzählung besteht aus drei Szenen. Nach einer kurzen Einleitung, in der die Situation geschildert wird (V. 1), wird in V. 2-6 Sarais Idee mit ihren Konsequenzen vorgestellt. Die mittlere Szene (V. 7-14) behandelt die Gottesbegegnung Hagars. Die Schlussszene (V. 15) beschreibt die Geburt Ismaels, der hier eindeutig als Abrams Sohn vorgestellt wird. Hagar, die ägyptische Sklavin Sarais, dominiert die Erzählung, auch wenn sie – im Gegensatz zu Sarai – keine aktive Rolle hat. Sie wird zu Abrams Frau und gebiert seinen ersten Sohn.

16,2. Da schlug Sarai ihrem Mann vor ... Abram wird hier als sehr passiv dargestellt. Das passt zu seiner Persönlichkeit, soweit wir sie aus den vorangehenden Erzählungen kennen. Sarai klagt Gott an, dass das mit dem versprochenen Nachwuchs nicht klappen wird, und will nun nachhelfen.

... nach den geltenden Gesetzen ... ist eine erklärende Hinzufügung der Übersetzung „Hoffnung für alle". In der Tat war es im alten Vorderen Orient üblich, fehlenden Nachwuchs durch eine „Leihmutter" zu erlangen. So war Sarais Vorschlag kulturell akzeptiert und angemessen.

Und doch scheint der Autor Sarais Vorstoß als problematisch zu werten. Dies zeigt sich vor allem durch sehr deutliche Stichwortverbindungen zu 1 Mo 3: **Abram war einverstanden** (wörtlich: „Abraham hörte ihre Stimme") spielt eindeutig auf 1 Mo 3,17 an: „Weil du auf die Stimme deiner Frau gehört ... hast."

Vergleiche **16,3. Sarai gab ihm Hagar zur Nebenfrau** (wörtlich: „Sarai, seine Frau, nahm Hagar und gab sie Abram, ihrem Mann"), mit 3,6: „Die Frau nahm ... und gab ihrem Mann." Diese negative Wertung der Handlungen Sarais lässt sich auch in der Darstellung der Konsequenzen erkennen: Sarai ist es nun, die Abram (wie damals Eva der Schlange) die Schuld zuschiebt.

16,4. Als Hagar wusste, dass sie schwanger war, sah sie auf ihre Herrin herab. Schwangerschaft war in dieser Kultur und Zeit ein rundum positiver Zustand, keine Last, wie es heute öfter wahrgenommen wird. Der soziale Status von Hagar steigt nun ungemein. Wie offensichtlich sie ihrem Stolz Ausdruck gegeben hat, wird nicht erwähnt. Doch Sarai reagiert harsch und rachsüchtig auf diese doch eigentlich durchaus vorhersehbare Situation. Was der Autor hiermit mehr als deutlich macht, sind die Folgen dieses erneuten (familiären) „Sündenfalles": Letztlich gebiert das Zusammenspiel aller verwickelten Personen ein großes Chaos und den sozialen „Tod" Hagars (V. 6b).

16,5. „Du bist schuld, dass ich jetzt so gedemütigt werde." Adam und Abram entsprechen sich in ihrer Passivität. Vielleicht zeichnet sich hier ein öfter anzutreffendes männliches Verhaltensmuster ab? Abram versucht Sarai zu beschwichtigen, indem er ihre Autorität über ihre Sklavin bestätigt (V. 6). Nun, da Hagar allerdings seine Frau ist, mutet das seltsam an. Hier wird Verantwortung gemieden.

16,7. ... auf dem Weg nach Schur ... Hagar ist auf dem Weg nach Ägypten, ihrer alten Heimat. Dort begegnet ihr Gott. Der **Engel des Herrn** ist eine häufige Figur des Alten Testaments. „Engel" ist evtl. irreführend, da es hier lediglich um einen „Boten" geht, nicht um die aus anderen Texten bekannten geflügelten Wesen. Zunächst scheint es (zumindest aus Hagars Sicht) eine Begegnung mit einem normalen Menschen zu sein. Doch nach der Begegnung ist schnell klar, dass hier Gott präsent war. Der Leser bekommt das sofort genannt, wird also nicht in die Spannung Hagars hineingenommen. Sie wird sich gewundert haben, woher dieser „Mensch" solche detaillierten Informationen zu ihr hatte.

Für den Leser muss es eher ungewöhnlich scheinen, dass der Autor den Engel nach der Herkunft von Hagar fragen lässt: **„Woher kommst du und wohin gehst du?"** Für ihn ist diese Information ja letztlich nur eine Wiederholung von vorher Geschriebenem. Auf diese Weise fragte Gott das letzte Mal in 1 Mo Kain nach Abel (4,9). Vorher fragte er Adam, wo er sei (3,9). Hagar, im Gegensatz zu Adam oder Kain, antwortet direkt und wahrheitsgemäß. In allen Fällen will das Nachfragen Gottes zum Reflektieren der eigenen Situation führen – Eingeständnis von Sünde und hier wohl die Verarbeitung erlittenen Unrechts. Als entlaufene Sklavin ist Hagar allerdings mindestens rechtlich in einer schwierigen Situation.

16,9. „Geh zu ihr zurück. Bleib ihre Sklavin!" ist eine harte Aufforderung. Der Grund wird erst in der darauf folgenden Verheißung deutlich (V. 10). Hagars Nachkommen werden in die Verheißung an Abram mit hineingenommen (13,16; 15,5). **Ismael** (V. 11) ist ein typisch semitischer Name und lässt sich als „Gott hat gehört" deuten. So birgt diese Begegnung sowohl Segen als auch Leid für Hagar. V. 12 spricht von Ismaels freier (vielleicht auch „wilder")

Beduinenexistenz – im Gegensatz zu Hagars Sklavenexistenz, der sie ja zu entfliehen sucht.

16,13. „Den, der mich angeschaut hat, habe ich tatsächlich hier gesehen." „Wenn der Mensch die Gegenwart Gottes bemerkt, wenn er Ihn erkennt, ist Gott bereits verschwunden" (M. Tsevat). Hagar realisiert, wer ihr da begegnet ist, und interpretiert die Begegnung als rundum positiv. Gottes, auch zukünftige, Fürsorge gibt ihr offensichtlich Mut und Hoffnung für die neue, alte Herausforderung. Sie bezeichnet Gott als *El Roi* **(Gott, der mich anschaut).**

Schlussbemerkung: Gottesbegegnungen müssen von uns interpretiert werden, sonst werden sie einmalige, vergangene Ereignisse bleiben, die keinen Einfluss auf unser Jetzt oder unseren weiteren Lebensweg haben.

Der Schluss der Erzählung (V. 15-16) zeigt, wie sich Sarais Hoffnung auf einen Sohn mittels Hagar nicht erfüllt hat. Ismael bleibt der Sohn Abrams und Hagars. Allerdings bleibt so auch offen (und gefordert), dass Sarai tatsächlich noch schwanger werden wird, denn ihr und Abram war ja ein Nachkomme versprochen.
Die Erzählung insgesamt macht deutlich, dass Gott auch in dieser Situation die Kontrolle nicht verliert. Ismael kann als Umweg gedeutet werden, der die Geburt Isaaks um 14 Jahre verzögert (G. J. Wenham). Eigenmächtiges Handeln und Suchen nach Abkürzungen entsprechen nicht dem geforderten Vertrauen auf Gott. Gott kümmert sich aber nicht nur um die Erfüllung seiner Versprechen, sondern auch um die Opfer von Ungerechtigkeit und Unterdrückung. Diesen Menschen begegnet Gott oft in ihren dunkelsten Momenten. An diese Begegnungen gilt es sich zu erinnern, wenn es wieder problematisch wird (vgl. 21,9-21).

3 Jakobs Traum

1. Mose 28,10-22

Einstieg
15–20 Minuten
Wählen Sie bitte eine oder zwei Fragen aus.

1. Können Sie sich eine Situation vorstellen, in der Sie ganz sicher keine Gottesbegegnung mehr erwarten?

2. Wer von Ihnen hat schon einmal einen „bedeutsamen“ Traum gehabt? Worin unterschied er sich von anderen (normalen) Träumen?

Eine überraschende Begegnung

10 Jakob verließ Beerscheba und machte sich auf den Weg nach Haran. 11 Als die Sonne unterging, blieb er an dem Ort, wo er gerade war, um zu übernachten. Unter seinen Kopf legte er einen der Steine, die dort herumlagen.

12 Während er schlief, hatte er einen Traum: Er sah eine Treppe, die auf der Erde stand und bis zum Himmel reichte. Engel Gottes stiegen hinauf und herab. 13 Oben auf der Treppe stand der Herr und sagte zu ihm: „Ich bin der Herr, der Gott Abrahams und Isaaks. Das Land, auf dem du liegst, werde ich dir und deinen Nachkommen geben! 14 Sie werden unzählbar sein wie der Staub auf der Erde, sich in diesem Land ausbreiten und alle Gebiete bevölkern. Und durch dich soll allen Völkern der Erde Gutes zuteil werden. 15 Ich stehe dir bei; ich behüte dich, wo du auch hingehst, und bringe dich heil wieder in dieses Land zurück. Niemals lasse ich dich im Stich; ich stehe zu meinem Versprechen, das ich dir gegeben habe.“

16-17 Jakob erwachte. Entsetzt blickte er um sich. „Tatsächlich – der Herr wohnt hier, und ich habe es nicht gewusst!“, rief er. „Wie furchterregend ist dieser Ort! Hier ist die Wohnstätte Gottes und das Tor zum Himmel!“

18 Am nächsten Morgen stand er früh auf. Er nahm den Stein, auf den er seinen Kopf gelegt hatte, stellte ihn als Gedenkstein auf und goss Öl darüber, um ihn Gott zu weihen. 19 Er nannte den Ort Bethel („Haus Gottes“). Früher hieß er Lus. 20 Dann legte Jakob ein Gelübde ab: „Wenn der Herr mir beisteht und mich auf dieser Reise beschützt, wenn er mir genug Nahrung und Kleidung gibt 21 und mich wieder heil zu meiner Familie zurückbringt, dann soll er mein Gott sein! 22 An der Stelle, wo ich den Stein aufgestellt habe, soll der Herr verehrt und angebetet werden. Von allem, was er mir schenkt, will ich ihm den zehnten Teil zurückgeben!“

Bibelgespräch
30–45 Minuten
Wählen Sie ggf. unter den Fragen aus.

1. Vielleicht könnte jemand das vorangehende Kapitel 27 zusammenfassen. Was für eine Vorgeschichte bringt Jakob mit?

2. Wie lässt sich der Teil des Traumes mit der Treppe deuten? Was wird hier über Gott deutlich? Welche Bedeutung haben die Engel?

3. Vergleichen Sie die Gottesrede (V. 13-15) mit 1 Mo 13,14-16. Was lässt sich aus dieser Parallele zwischen Jakob und Abraham schließen? Wo könnten sich weitere Berührungspunkte zwischen den beiden Männern finden?

4. Warum reagiert Jakob so aufgeschreckt und ängstlich (V. 16-17)?

5. Spricht Jakobs Gelübde (V. 20-22) eher von seinem Glauben oder von seinem Unglauben?

6. Was könnten die Gründe dafür gewesen sein, dass der Autor von 1 Mo diese Gottesbegegnung mit in seine Erzählung aufgenommen hat?

Austausch und Gebet
15–30 Minuten

Wählen Sie ggf. unter den Fragen aus. Sie können das Gespräch mit einem gemeinsamen Gebet abschließen, in dem Sie auf mögliche Fragen und Anliegen Bezug nehmen, die im Gespräch deutlich geworden sind. Fragen, die nicht in der Gruppe thematisiert werden, können Ihnen auch als Anstoß dienen, zu Hause den Text vertiefend zu betrachten.

1. Wie würden Sie reagieren, wenn Ihnen Gott tatsächlich einmal in einem Traum begegnete? Halten Sie das überhaupt für möglich oder auch nur für wünschenswert?

2. Inwiefern war diese Gottesbegegnung ein Wendepunkt im Leben von Jakob? Wie würden Sie das Vorher und das Nachher beschreiben?

3. Für Jakob scheint der Ort dieser Gottesbegegnung sehr wichtig gewesen zu sein. Welchen Stellenwert spielen Orte für den christlichen Glauben? Ist dies eher eine kulturelle oder eine theologische Frage?

4. Wenn die Gruppe einmal zusammenträgt: Welche göttlichen Verheißungen ließen sich heute in Anspruch nehmen? Welche Funktion könnte ein Gelübde einnehmen? Oder wäre so etwas deplatziert?

5. Welcher Teil des Textes oder welcher Gedankengang des Gesprächs hat Sie am meisten bewegt? Könnte Gott Ihnen in diesem Gedanken begegnet sein? Was nehmen Sie sich nun vor zu tun?

Erläuterungen

Zusammenfassung: Hier begegnet Gott einem Menschen entgegen aller Erwartungen. Dieser Mensch hat keine weiße Weste und wird doch in Gottes Segenslinie hineingenommen.

28,10. Jakob verließ Beerscheba und machte sich auf den Weg nach Haran. Die Episode von Jakobs Traum ist fest in ihren Kontext eingebunden: Vorangehend wird Jakobs Flucht von zu Hause wegen des Betruges an seinem Vater Isaak und seinem Bruder Esau (Linsengericht!) erzählt. Nun ist Jakob auf dem Weg nach Haran, wo er bei seinem Onkel Zuflucht suchen wird.

28,11. ... an dem Ort ... Im Urtext wird in diesem Vers das Wort „Ort" drei Mal wiederholt. Zusammen mit V. 16f (ebenfalls drei Mal „Ort") und der Umbenennung in **Bet-El** (Haus Gottes, **V. 19**) wird die Bedeutung des Ortes an sich deutlich. Ohne es vorher zu wissen, legt sich Jakob an einem speziellen Ort nieder. Dem Autoren und dem Leser wird allerdings dieser Ort sehr wohl bekannt sein. Bet-El wurde mit der Zeit zu einem wichtigen Kultort in Israel (Ri 20f; 1 Sam 7) und später nach der Reichsteilung unter Jeroboam zu einem Kultort für Baal (Kalbsstandbilder, 1 Kön 12; Am 3-5).

28,12. ... hatte er einen Traum. Die Gotteserscheinung mittels eines Traumes ist an dieser Stelle erstaunlich, da Gott vorher in 1 Mo eher durch seine direkte oder durch Boten vermittelte Gegenwart den Patriarchen begegnet ist. Später wird öfter von Träumen berichtet (vgl. Joseph in 1 Mo 37; 40; 41; Jer 23,28; Sach 1–6, die Nachtgesichte verschiedener Propheten usw.). Im Zusammenhang mit dem Jakobzyklus (1 Mo 25,19-35,29) kommt diese Gottesbegegnung allerdings an einer entscheidenden Stelle. Die Erlangung des Erstgeborenensegens durch Jakob war ein krummes Ding. Der Leser weiß allerdings, dass die Linie der Verheißung ja schließlich durch Jakob ging. Da will es nicht so recht passen, dass Jakob sich den Segen auf diese Art und Weise unmoralisch aneignet. Dieses zu erklären übernimmt nun der Traum in der Erzählung.

28,12. Er sah eine Treppe ... Diese Treppe scheint altorientalische Tempeltürme (Ziggurat) in Erinnerung rufen zu wollen. Diese Konstruktionen symbolisieren die Gegenwart des jeweiligen lokalen Gottes bei den Menschen. Wichtig ist hier, dass die Erde und Gottes Bereich verbunden sind. Die auf- und absteigenden Engel sollen diese Verbindung wohl verstärken. Engel wurden im Alten Testament oft als verantwortlich für verschiedene Völker und Regionen gesehen. Es könnte also eine Art bildlicher Zuspruch für Jakob gewesen sein, dass die für ihn und sein Volk verantwortlichen Engel ihn nun auch im Ausland begleiten werden. Die Idee des Beiseins Gottes (durch die Engel symbolisiert) wird dann auch zum Kernpunkt der nun folgenden Gottesrede.

28,13. „Ich bin der Herr ..." Gott stellt sich als der Vätergott vor.

28,13-14. Das Land ... bevölkern. Die Land- und Nachkommenverheißung wiederholt fast wörtlich die Verheißung an Abraham in 13,14-16, die ebenfalls in der Nähe von Bet-El gegeben wurde. Auch die Segensverheißung, **„Und durch dich soll allen Völkern der Erde Gutes zuteil werden"**, spiegelt 12,3. Damit ist für den Leser klar, dass es tatsächlich mit Jakob weitergeht – trotz seines zweifelhaften Starts und seiner Flucht aus dem Land, für welches ja eigentlich die Verheißung gilt.

28,15. „Ich stehe dir bei ..." Diese Worte versichern Jakob Gottes Beisein und damit Schutz und Segen. Gott wird also dafür sorgen, dass Jakob eines Tages wieder in das Land seiner Väter zurückkehren wird. Jene Verheißung bestimmt die Lektüre der gesamten Jakobsgeschichten: Was auch immer geschieht – die Erwartung ist, dass am Ende Jakob von Gott beschützt wird.

28,16. Jakob erwachte. Entsetzt blickte er um sich ... „Wie furchterregend ist dieser Ort!" Diese Übersetzung gibt den Ton der Antwort Jakobs gut wieder. Gottesbegegnungen sind meist überwältigend und furchterregend – die eigene Unvollkommenheit und das Bewusstwerden der Sündhaftigkeit sind ein Schock. Doch der Inhalt der Gottesbegegnung wird zum Trost und Zeichen der bleibenden Gegenwart Gottes, wie die zweite Antwort Jakobs deutlich macht.

28,17. Wohnstätte Gottes nimmt die Umbenennung zu Bet-El bereits voraus.

28,18. ... stellte ihn als Gedenkstein auf und goss Öl darüber, um ihn Gott zu weihen. Diese Praxis wird später in Israel mit Götzendienst in Verbindung gebracht (5 Mo 16,21f).
Dieser Stein scheint für Jakob mehr als ein Erinnerungszeichen zu sein. Die Gegenwart Gottes ist für ihn ganz real mit diesem Ort verbunden, und so weiht er diesem Gott hier ein Heiligtum (V. 22).

28,20. „Wenn der Herr mir beisteht ..." Das Gelübde Jakobs spiegelt die göttliche Verheißung aus V. 15 fast wörtlich. Die Betonung liegt bei diesem Gelübde nicht so sehr auf dem „Wenn – dann", sondern vielmehr auf der glaubenden Annahme der Verheißung Gottes. Jakob ist in ei-

ner Extremsituation (Schuld, Familienkrach, Flucht, Gottesbegegnung), und da erscheint es nicht ungewöhnlich, dass er Gott ein Versprechen gibt. In dem, was er verspricht **(V. 21 „... soll er mein Gott sein!“** und **V. 22 „... will ich ihm den zehnten Teil zurückgeben!“),** macht er es seinem Großvater Abraham nach (vgl. 17,7 und 14,20).
Jakobs Antwort auf diese Gottesbegegnung ist echter Gottesdienst. Er lässt sich persönlich auf Gott ein, gibt, was er hat (Stein und Öl), und verspricht 10 % seines zukünftigen Besitzes. Wozu diese Güter dienen sollen, wird nicht beschrieben; möglicherweise will er damit den fortwährenden Gottesdienst in Bet-El „finanzieren“. Der vorlaufenden Verheißung Gottes folgt immer wieder die Bitte des Glaubenden, dass diese auch eintritt (vgl. Mt 6,9-33).

4 Jakob am Jabbok

1. MOSE 32,22-33

Einstieg
15–20 Minuten
Wählen Sie bitte eine oder zwei Fragen aus.

1. Machen einschneidende Veränderungen Menschen eher bereit, mit Gott zu rechnen? Warum? Oder warum nicht?

2. Wenn Sie über Ihr bisheriges Leben nachdenken, welchen Namen würden Sie für sich im Rückblick wählen (z. B. Felix, der Glückliche; Mara, die Bittere ...)?

Eine schmerzhafte und doch beruhigende Begegnung

22 Er schickte also die Viehherden schon voraus, blieb aber selbst über
Nacht im Lager.
23 Mitten in der Nacht stand Jakob auf und überquerte den Jabbokfluss
an einer seichten Stelle, zusammen mit seinen beiden Frauen, den beiden
Mägden und den elf Kindern. 24 Auch seinen Besitz brachte er auf die
andere Seite. 25 Nur er blieb noch allein zurück.
Plötzlich stellte sich ihm ein Mann entgegen und kämpfte mit ihm bis
zum Morgengrauen. 26 Als der Mann merkte, dass er Jakob nicht besiegen
konnte, gab er ihm einen so harten Schlag auf das Hüftgelenk, dass es
ausgerenkt wurde. 27 Dann bat er: „Lass mich los, der Morgen dämmert
schon!“
Aber Jakob erwiderte: „Ich lasse dich nicht eher los, bis du mich gesegnet
hast!“ 28 „Wie heißt du?“, fragte der Mann. Als Jakob seinen Namen
nannte, 29 sagte der Mann: „Von jetzt an sollst du nicht mehr Jakob heißen. Du hast schon mit Gott und mit Menschen gekämpft und immer
gesiegt. Darum heißt du von jetzt an Israel.“
30 „Wie ist denn dein Name?“, fragte Jakob zurück. „Warum fragst du?“,
entgegnete der Mann nur, dann segnete er ihn.
31 „Ich habe Gott gesehen, und trotzdem lebe ich noch!“, rief Jakob. Darum nannte er den Ort Pnuël („Gesicht Gottes“). 32 Die Sonne ging gerade auf, als Jakob weiterzog. Er hinkte, weil seine Hüfte ausgerenkt war.
33 Bis heute essen die Israeliten bei geschlachteten Tieren nicht den Mus-
kel über dem Hüftgelenk, weil Jakob auf diese Stelle geschlagen wurde.

Bibelgespräch
30–45 Minuten
Wählen Sie ggf. unter den Fragen aus.

1. Wer kann die Geschichte vor der nächtlichen Begegnung Jakobs mit Gott kurz zusammenfassen?

2. Können Sie der Auslegung folgen, dass Jakob vorher immer Gott und seinen Segen unter Kontrolle haben wollte und erst ab dieser Gottesbegegnung Gottes Kontrolle über sein Leben akzeptiert? Was aus dem vorliegenden Text und aus dem Kontext könnte für oder gegen diese Auslegung sprechen?

3. Ist der Kampf wirklich ausgeglichen? Kann er es überhaupt sein? Wenn nicht, was soll dadurch ausgedrückt werden?

4. Jakob scheint sehr an „Segen" interessiert zu sein (1 Mo 27,12; 28,4). So auch hier. Was könnte der Segen Gottes für Jakob gewesen sein?

5. Inwiefern verändert sich Jakob durch diese Gottesbegegnung?

6. Manche Ausleger vergeistlichen den Kampf Jakobs als ein Ringen mit Gott im Gebet. Sind hierfür im Text Hinweise zu finden? Welche Konsequenzen hätte diese Auslegung für unser Gottesbild, für unser Menschenbild, für unser Verständnis von Gebet?

Austausch und Gebet
15–30 Minuten

Wählen Sie ggf. unter den Fragen aus. Sie können das Gespräch mit einem gemeinsamen Gebet abschließen, in dem Sie auf mögliche Fragen und Anliegen Bezug nehmen, die im Gespräch deutlich geworden sind. Fragen, die nicht in der Gruppe thematisiert werden, können Ihnen auch als Anstoß dienen, zu Hause den Text vertiefend zu betrachten.

1. Um nochmals zu den Namen zurückzukommen: Welchen Namen würden Sie nun, nach diesem Bibelgespräch, über Ihr Leben stellen wollen?

2. Gott hat Jakob für immer „markiert" (Hüftschaden). Können Sie eine Markierung Gottes in Ihrem Leben feststellen? Etwas, das Sie an eine besondere Gottesbegegnung erinnert?

3. Der früher so arrogante Jakob geht nach dieser Gottesbegegnung in größter Demut auf seinen Bruder Esau zu und versucht den gestohlenen Segen zurückzugeben (33,3+8). Welcher Wendepunkt, welche Neuorientierung, welche Umkehr sollte aus Ihrer nächsten Gottesbegegnung erfolgen?

Erläuterungen

Zusammenfassung: Jakob hat mehrere Jahre bei seinem Onkel Laban verbracht und ist dort durch Gottes Hilfe zu einem respektablen Reichtum gekommen. Darüber kommt es zum Streit. Deshalb orientiert sich Jakob mit seiner Familie wieder in Richtung Heimat (1 Mo 30-31). Allerdings bereitet ihm die bevorstehende Begegnung mit Esau großes Kopfzerbrechen, da er nicht an eine gute Beziehung zu seinem Bruder anknüpfen kann. Daher schickt Jakob großzügige Geschenke an Esau, hat aber nach wie vor große Angst vor dem Zusammentreffen (32,4-21).

32,22-24. Der **Jabbok** ist ein östlicher Zufluss zum Jordan, ungefähr auf halber Strecke zwischen See Genezareth und dem Toten Meer. Warum genau Jakob die Nacht über zurückblieb, ist unklar. Möglicherweise will der Text Jakobs Angst vor der Begegnung mit seinem Bruder noch weiter betonen.
Die nun nachfolgende Erzählung ist sehr knapp formuliert und lässt daher viele Fragen offen. Spekulation hilft nicht weiter, und so bleibt nur, den Text so anzunehmen und der Betonung nachzugehen, die er selbst anbietet.

32,25. ... stellte sich ihm ein Mann entgegen und kämpfte mit ihm. Die Identität des Mannes wird zunächst im Unklaren gelassen. Es wurde viel über Dämonen und Engel spekuliert, doch Jakob ist später eindeutig: **„Ich habe Gott gesehen" (V. 31).** Das weiß er, genau wie der Leser, hier aber noch nicht.

Der Kampf dauert länger (**bis zum Morgengrauen**), weshalb der „Mann" um ein schnelles Ende bemüht ist.

32,26. ... dass er Jakob nicht besiegen konnte ... Der Text vermittelt zunächst den Eindruck, dass zwei ebenbürtige Menschen miteinander kämpfen. Wenn man bereits weiß, dass hier Gott mit Jakob kämpft, so muss dieser Satz erstaunen. Die Erzählung ist an dieser Stelle aber so knapp, dass wir keine Antwort darauf bekommen. Wahrscheinlich ging es dem Autor hauptsächlich darum, die Heftigkeit des Kampfes und die Hartnäckigkeit Jakobs herauszustellen. Das spiegelt in gewisser Weise seinen Lebensweg wider. Als Gesegneter von Gott gerät er öfter auf krumme Wege. Und doch hält er immer noch an Gott fest, da er weiß, dass sein Leben an Gottes Segen hängt (28,15). Gott allerdings bleibt auch hartnäckig dabei, da er ja seinen Plan mit Jakob (und seinen Nachkommen) durchziehen will. Jakob muss anscheinend lernen, dass er sich auf Gottes Zusagen verlassen kann.

32,27. Dann bat er ... Im Hebräischen steht hier schlicht: „Und er sagte". **„Lass mich los, der Morgen dämmert schon!"** Dieser Satz gab viel Anlass zu Spekulation. Am wahrscheinlichsten ist die Interpretation, dass Gott die Helligkeit meiden wollte, um weiterhin unerkannt zu bleiben. Dies wird zumindest im folgenden Dialog zum Thema (v. a. V. 30).
„... bis du mich gesegnet hast." Jakob war schon immer an Segen interessiert, so erstaunt seine Forderung hier nicht. Der Segen Gottes hatte für ihn ganz verschiedene Inhalte. Zunächst ist der Segen des Erstgeborenen ein klarer materieller Vorteil. Nachdem er bei seinem Schwiegervater Laban ebenfalls materiell gesegnet wurde, scheint er hier konkret eine sichere Rückkehr in das Land seiner Familie zu erbitten. Das ist es, was ihm in diesem Moment Sorgen macht, und da er sich an seinen Traum bei Bet-El erinnern wird (28,13-16), will er nun Gott wegen dessen Versprechen in die Pflicht nehmen.

32,28. „Wie heißt du?" Um zu segnen, braucht man den Namen des zu Segnenden. Jakob nennt schlicht seinen Namen. Dieser wird durch die nun folgende Gottesrede (V. 29) gleich als tiefgründiges Stichwort aufgenommen. In der gesamten Jakobserzählung bis hierhin wurde der Name immer wieder mit seiner negativen Bedeutung in Verbindung gebracht (vgl. 27,36). So kommt Jakobs Antwort, die Nennung seines Namens, fast einem Bekenntnis gleich.

Diese Auslegung liegt vor allem vor dem Hintergrund des Namenswechsels in V. 29 nahe (**„sollst du nicht mehr Jakob heißen"**). Der neue Name, Israel, bedeutet eigentlich „El (Gott) kämpft". Der Name an sich ist schon Segen, da sich nun alle Nachkommen mit diesem positiven Namen identifizieren können: Wenn ihr Vorfahr in Bedrohung (durch Menschen und durch Gott) überlebt hat, dann gilt das auch für sie.

32,30. „Warum fragst du?" Gott ist im Alten Testament bekannt dafür, seinen Namen nicht zu nennen. Hier, wie auch in 2 Mo 3,13-14 („Ich bin, der ich bin" ist letztlich nichts als die Verweigerung der Antwort), entzieht sich Gott der Festlegung und damit dem Versuch des Menschen, ihn zu dominieren. Im Weltbild des Alten Orients bedeutete das Wissen um den Namen (einer Gottheit) auch immer ein Stück Macht. **... dann segnete er ihn.** Der Inhalt des Segens scheint für den Autor nicht wichtig gewesen zu sein.
Der mysteriöse Angreifer verschwindet so plötzlich, wie er gekommen war. Auch damit macht er es unmöglich, klar identifiziert zu werden.

Was macht Jakob nun aus der Begegnung? **32,31. „Ich habe Gott gesehen, und trotzdem lebe ich noch!"** Dies also ist Jakobs Interpretation seines nächtlichen Erlebnisses. Für ihn ist es ein Wunder, dass er noch lebt – nicht so sehr wegen des heftigen Kampfes, sondern weil er Gott begegnet ist (vgl. 2 Mo 33,20: „kein Mensch, der mich gesehen hat, bleibt am Leben"). Deshalb nennt er den Ort auch „Gesicht Els (Gottes)".

32,33. Bis heute essen ... Ähnlich wie bei Abraham die Beschneidung, soll das Nichtessen der rechten Hüfte beständig an die göttliche Erwählung Israels erinnern. „Israel" ist ja für den Leser nicht nur der Name eines der Ahnen, sondern auch die eigene Volksbezeichnung. In Jakob/Israel sieht sich Israel gesegnet.
Die Gottesbegegnungen der Glaubensväter haben also nicht nur sie selbst betroffen, sondern Geschichte gemacht und Menschen gelenkt, ihnen Bestimmung und Zuversicht gegeben.

Schlussbemerkung: Jakob geht gezeichnet aus dieser Begegnung heraus, aber wohl auch mit neuer Zuversicht und Hoffnung seinem Bruder entgegen. Die folgende Versöhnung mit Esau ist zwar an dieser Stelle für ihn noch nicht sicher. Doch wir wissen, dass sie zum Segen wird – vielleicht genau zu dem Segen, den Jakob sich von Gott im Kampf erbeten hat.
Der Wendepunkt in der familiären Beziehung wird in der Gottesbegegnung vorbereitet. Wie so oft im Alten Testament gibt es keine Trennung der Bereiche „geistlich" und „sozial/säkular/alltäglich usw.", wie wir es manchmal tun. Daher vollzieht sich mit einem Wendepunkt in der Beziehung zu Gott auch oft ein Wendepunkt im restlichen Leben.
Auf Jakob bezogen heißt das: Der Gottesstreiter (Israel) hat nun (hoffentlich) gelernt, dass er sich auf Gott verlassen kann. Denn dieser Gott hat ihn – wie versprochen – zu seiner Familie zurückgebracht. Doch dafür war eben auch eine Wende in Jakobs Verhalten zu seinem Bruder nötig.

5 Mose am Dornbusch

2. MOSE 3,1-12

Einstieg
15–20 Minuten
Wählen Sie bitte eine oder zwei Fragen aus.

1. Kennen Sie jemanden, der eigentlich in einer viel verantwortungsvolleren Position sein sollte, weil sie/er dazu kompetent erscheint? Was könnten die Gründe sein, warum sie/er diese Herausforderung nicht angenommen hat?

2. Hat jemand schon einmal mehr an Sie „geglaubt", als Sie es selbst taten? Wie haben Sie darauf reagiert?

3. Sie haben sicher schon einmal eine Aufgabe bekommen,
die Sie keinesfalls übernehmen wollten,
und dann ist doch etwas Gutes daraus geworden.
Welche Schlüsse haben Sie daraus gezogen?

Eine wegweisende Begegnung

[1] Mose hütete damals die Schafe und Ziegen seines Schwiegervaters Jitro, des Priesters von Midian. Eines Tages trieb er die Herde von der Steppe hinauf in die Berge und kam zum Horeb, dem Berg Gottes. [2] Dort erschien ihm der Engel des Herrn in einer Flamme, die aus einem Dornbusch schlug. Als Mose genauer hinsah, bemerkte er, dass der Busch zwar in Flammen stand, aber nicht niederbrannte. [3] „Merkwürdig", dachte Mose, „warum verbrennt der Busch nicht? Das muss ich mir aus der Nähe ansehen."

[4] Der Herr sah, dass Mose sich dem Feuer näherte, um es genauer zu betrachten. Da rief er ihm aus dem Busch zu: „Mose, Mose!" „Ja, Herr", antwortete er. [5] „Komm nicht näher!", befahl Gott. „Zieh deine Sandalen aus, denn du stehst auf heiligem Boden! [6] Ich bin der Gott deiner Vorfahren, der Gott Abrahams, Isaaks und Jakobs." Mose verhüllte sein Gesicht, denn er hatte Angst davor, Gott anzuschauen.

[7] Der Herr sagte: „Ich habe gesehen, wie schlecht es meinem Volk in Ägypten geht, und ich habe auch gehört, wie sie über ihre Unterdrückung klagen. Ich weiß, was sie dort erleiden müssen. [8] Darum bin ich gekommen, um sie aus der Gewalt der Ägypter zu retten. Ich will sie aus diesem Land herausführen und in ein gutes, großes Land bringen, in dem Milch und Honig fließen. Jetzt leben dort noch die Kanaaniter, Hetiter, Amoriter, Perisiter, Hiwiter und Jebusiter. [9] Ja, ich habe die Hilfeschreie der Israeliten gehört; ich habe gesehen, wie die Ägypter sie quä-

len. [10] Darum geh nach Ägypten, Mose! Ich sende dich zum Pharao, denn du sollst mein Volk Israel aus Ägypten herausführen!"
[11] Aber Mose erwiderte: „Ich soll zum Pharao gehen und die Israeliten aus Ägypten herausführen? Wer bin ich schon?" [12] Der Herr antwortete: „Ich stehe dir bei und gebe dir ein Zeichen, an dem du erkennst, dass ich dich gesandt habe: Wenn du mein Volk aus Ägypten herausgeführt hast, werdet ihr mir an diesem Berg hier Opfer darbringen!"

Bibelgespräch
30–45 Minuten
Wählen Sie ggf. unter den Fragen aus.

1. Es wäre gut, kurz die zwei vorausgehenden Kapitel von 2. Mose zusammenzufassen. Was ist mit dem Volk Israel passiert? Welche Vorgeschichte hat Mose? Was weiß er von Gott?

2. Wenn man den Dornbusch nicht einfach als Tatsache nimmt, sondern auch als Bild, wofür könnte er stehen?

3. Wie verhält sich Mose in der Gottesbegegnung? Welches Verhalten wird erwartet?

4. Wie stellt sich Gott Mose am Dornbusch vor? Warum diese Aufzählung? Woran knüpft Gott an? (V. 6)

5. Für die Auslegung von V. 7-10 wäre es interessant, eine Liste der Verben zu machen. Wie wird Gott durch diese Handlungen beschrieben?

6. Das „Wer bin ich?" Moses (V. 11) steht dem „Ich bin" Gottes (V. 13) direkt gegenüber. Welche Schlussfolgerungen lassen sich daraus ziehen?

Austausch und Gebet
15–30 Minuten

Wählen Sie ggf. unter den Fragen aus. Sie können das Gespräch mit einem gemeinsamen Gebet abschließen, in dem Sie auf mögliche Fragen und Anliegen Bezug nehmen, die im Gespräch deutlich geworden sind. Fragen, die nicht in der Gruppe thematisiert werden, können Ihnen auch als Anstoß dienen, zu Hause den Text vertiefend zu betrachten.

1. Welcher Aspekt dieser Gottesbegegnung geht Ihnen am meisten nahe? Warum?

2. Wie schätzen Sie Mose im Vergleich zu Ihnen bekannten Leiterpersönlichkeiten ein?

3. Beim Weiterlesen wird deutlich, dass Mose letztlich die von Gott gestellte Herausforderung annimmt. Er hat sich an diesem Wendepunkt in seiner (scheinbaren/offensichtlichen) Inkompetenz an Gottes

Kompetenz gehalten. Gibt es bei Ihnen eine Schwäche (empfunden oder ganz reell), die Sie zur Zeit ausbremst? Was würde Sie von Gott überzeugen, dass Ihre Schwäche kein Hinderungsgrund ist?

4. Welche Herausforderung könnte vor Ihnen liegen, wenn man annimmt, dass Gott auch heute noch Menschen beauftragt, seinen Zielen und Werten in dieser Welt zum Durchbruch zu verhelfen?

Erläuterungen

Zusammenfassung: Hier wird Mose berufen. Er begegnet Gott während seiner Arbeit, und sein Leben bekommt von diesem Punkt an eine neue Richtung.

3,1. **Mose hütete damals ...** Das „damals" bezieht sich auf die Zeit, als Mose aus Ägypten geflohen war, nachdem seine ersten Befreiungsversuche kläglich gescheitert waren. In Midian hatte er eine Familie gegründet (2 Mo 2,16-25). **... kam zum Horeb, dem Berg Gottes.** Ungewiss ist, wo genau auf der Sinaihalbinsel der Berg Horeb (oder auch Sinai) zu lokalisieren ist. Doch für die weitere Entwicklung der Erzählung im 2. Buch Mose ist in erster Linie von Bedeutung, dass Mose Gott ausgerechnet an dem Ort begegnet, der für Israel zum Ort der grundlegenden Gottesbegegnung wird.

Berichte von Gotteserscheinungen gehören zum Alten Testament dazu, und immer sind deren Umstände wichtig für die Zielrichtung des Textes.
Hier offenbart sich Gott in einem **Dornbusch (3,2)**. Da der Dornbusch in 3,2-4 fünf Mal genannt wird, scheint dieser Umstand dem Autor wichtig gewesen zu sein. In der rabbinischen Tradition steht der Dornbusch für die Solidarisierung Gottes mit den unterdrückten Israeliten. Für andere antike Autoren deutet der brennende, aber nicht verbrennende Busch auf die Widerstandskraft Israels hin. Auch wird darin Gottes Gnade gegenüber den Israeliten oder sein läuterndes Handeln an Israel gesehen.
Das Feuer scheint symbolisch für Gottes Macht und Gefährlichkeit zu stehen. Da Feuer aber auch positive und dem Menschen nützliche Eigenschaften hat, kann es auch als Bild für Gott selbst gedeutet werden, der ja am Wohl des Menschen interessiert ist.
Seine Offenbarung in diesem Text könnte ein erster Hinweis auf die spätere Gotteserscheinung (2 Mo 19-20) sein, wo er sich in einer Wolken- und Feuersäule zeigt. Dafür spricht auch das Wortspiel „Dornbusch" (sənäh) – „Sinai" (sînāî). So wird deutlich, dass die „private" Gottesbegegnung Moses als Bild und Vorzeichen für die spätere Begegnung Gottes mit dem Volk gedacht ist.
Vor diesem Hintergrund erscheint es sinnvoll, sich der rabbinischen Auslegung anzuschließen: Der Dornbusch steht für Israels bescheidene Existenz. Gott ist dort anzutreffen, wo sich sonst keiner hinbegibt, und macht den Ort zu einem heiligen Ort, den sonst keiner für würdig erachtet (**V. 5 „du stehst auf heiligem Boden"**).

3,4. **„Ja, Herr".** Die Antwort Moses auf Gottes Anrede, das Verhüllen des Gesichts (**V. 5**) zusammen mit dem Ausziehen der Sandalen sind als Akt der Unterwerfung und Demut zu verstehen. Mose akzeptiert Gottes Ansprüche an den Ort und auch an ihn selbst. Er ist der Aufforderung sicherlich nachgekommen und verdeutlicht damit seine Position als Diener.

3,6. **„Ich bin der Gott deiner Vorfahren, der Gott Abrahams, Isaaks und Jakobs."** Mit seiner Selbstvorstellung erinnert Gott daran, dass er der Gott des Bundes ist. Aufgrund dieses Bundes will er jetzt aktiv werden und sich des Leidens seines Volkes annehmen (**V. 7 „Ich habe gesehen ... ich habe auch gehört ... ich weiß** ..."). Gott nimmt hiermit 2,24-25 auf. Im bisherigen Verlauf der Erzählung waren diese Verse der Höhepunkt: Gott bleibt nicht mehr „zwischen den Zeilen" („suchen" Sie einmal Gott in den Kapiteln 1 und 2!), sondern er kümmert sich. Gott bleibt also nicht unbeeindruckt vom Leiden und in sicherer Entfernung; er weiß Bescheid, sieht und hört, was bei Gott immer auch Handeln bedeutet. Alles andere wäre zynisch und widerspräche dem biblischen Gottesbild.

3,10. **„Darum geh nach Ägypten, Mose! Ich sende dich ...!"** Mose ist also die Lösung für das Problem Israels. Allerdings ist der Text sehr deutlich: Die Initiative für den Exodus, den Auszug der Israeliten aus Ägypten, liegt bei Gott selbst. Mose ist lediglich Ausführender.
Gott ist besorgt um sein Volk. Er definiert das Ziel, und zwar in Anlehnung an das den Vätern als Land verheißene Gebiet (**V. 8**).
Er ist es, der Mose sendet. Und diesem Fakt ist der Rest des nun beginnenden Dialogs gewidmet: Mose geht nicht in seiner eigenen Autorität, sondern autorisiert und ausgerüstet von Gott.

3,11. „Wer bin ich, ...“. Mose beginnt den Dialog mit einer Selbstdisqualifizierung. Er würde den Auftrag gerne ablehnen und versucht es über seine Bedeutungslosigkeit. Im literarischen Kontext gelesen, insbesondere der im Dialog bald folgenden Selbstvorstellung Gottes als „Ich bin, der ich bin“ (V. 14), gewinnt auch Moses **„Wer bin ich?“** eine tiefere Bedeutung. Gott entzieht sich mit „Ich bin, der ich bin“ jedem Definitionsversuch und drückt dadurch seine unbedingte Freiheit und Unabhängigkeit aus. Mose hingegen ist ein Nichts, das hat die Geschichte bereits erwiesen (2 Mo 2). Dieses „Nichts“ ist eine Selbsteinschätzung, die vielleicht sogar der Wahrheit entspricht, wenn ein Mensch versucht, losgelöst von Gott, seine Bedeutsamkeit zu begründen. Wir Menschen sind, wie Mose, „Nichtse“. Es sei denn, wir verstehen uns von Gott her, der uns beauftragt und ermächtigt, der uns stützt und achtet. Unseren Wert bekommen wir durch unser Geschaffensein durch Gott – auch wenn wir nicht an ihn glauben sollten. Gott hingegen ist souverän, unabhängig von menschlicher Achtung. Für ihn genügt es zu sagen, dass er ist, der er ist.

Allerdings geht es in unserem Text nicht um eine philosophische Bestimmung unseres Wertes, sondern um den konkreten „Nutzen“, den Mose für Gott hat – und auch da gilt: Losgelöst von Gott nützt Mose nichts für die Befreiung Israels. Nur durch Gottes Beisein und Befähigung wird er zu dem, als der er in die Geschichte eingegangen ist.

Aus der Perspektive des Neuen Testaments gilt das auch für uns heute: Der „Ich bin“ zieht durch den Glauben in die Herzen der „Wer bin ich“ ein. Als „Tempel des Heiligen Geistes“ (1 Kor 6,19) sind uns übermenschliche Stärke, Weisheit, Mut usw. verliehen.

3,12. „Ich stehe dir bei und gebe dir ein Zeichen, an dem du erkennst, dass ich dich gesandt habe ...“ Gottes Antwort stellt Moses Selbsteinschätzung gar nicht infrage. Der Erfolg der Unternehmung ist an Gottes Beisein gelegen. Das ist Mose zugesagt. Diese Vision Gottes muss ihm vorerst als Versicherung genügen.

Schlussbemerkung: In dieser Gottesbegegnung geht es zuallererst um Gott und seine Pläne – nicht um Mose. Doch der lässt sich in Anspruch nehmen und übernimmt die Herausforderung, Gott zu dienen. Solche Berufungserlebnisse sind vielleicht nicht unbedingt ein Highlight für die von Gott angesprochene Person, doch im Annehmen der Berufung und dem Versuch sie auszufüllen kommt es oft zu weiteren Gottesbegegnungen, möglicherweise zu Erfolgserlebnissen und auf jeden Fall zu dem erfüllenden Empfinden, das Rechte zu tun. Doch das sind Nebeneffekte. Das Eigentliche ist, dass Gott immer *zu etwas* beruft. Dieses Ziel steht vornean. Hier ging es nicht darum, dass Mose sich als großartiger Leiter beweisen kann, sondern dass Israel aus der Sklavenexistenz befreit wird.

6 Samuel hört Gott

1. SAMUEL 3,1-18

Einstieg
15–20 Minuten
Wählen Sie bitte eine oder zwei Fragen aus.

1. Ist Christsein für Sie etwas Besonderes oder etwas ganz Alltägliches?

2. Die folgende Erzählung handelt von einer Umbruchsituation, von Ende und neuem Anfang. Was lösen Umbruchsituationen am ehesten in Ihnen aus? Trauer? Angst? Hoffnung? Vorfreude?

Eine Begegnung zum (Ge)Horchen

1 Der junge Samuel wohnte bei Eli und diente dem Herrn. Zu jener Zeit geschah es sehr selten, dass der Herr den Menschen durch Worte oder Visionen etwas mitteilte. 2 Der alte Eli war inzwischen fast erblindet. Eines Nachts war er wie gewohnt zu Bett gegangen. 3 Auch Samuel hatte sich hingelegt. Er schlief im Heiligtum in der Nähe der Bundeslade. Die Lampe im Heiligtum brannte noch.
4-5 Da rief der Herr: „Samuel, Samuel!" „Ja", antwortete der Junge, „ich komme!", und lief schnell zu Eli. „Hier bin ich. Du hast mich doch gerufen."
Aber Eli sagte: „Nein, ich habe dich nicht gerufen. Geh nur wieder schlafen." So legte Samuel sich wieder ins Bett.
6 Aber der Herr rief noch einmal: „Samuel, Samuel!" Und wieder sprang Samuel auf und lief zu Eli. „Ich bin schon da, du hast mich doch gerufen!", sagte er. Eli verneinte wieder: „Ich habe dich nicht gerufen, mein Junge. Geh jetzt und leg dich ins Bett!"
7 Samuel wusste nicht, dass der Herr ihn gerufen hatte, denn er hatte ihn noch nie reden hören. 8 So rief der Herr zum dritten Mal: „Samuel, Samuel!" Und noch einmal lief der Junge zu Eli und sagte: „Hier bin ich! Jetzt hast du mich aber gerufen!" Da erkannte Eli, dass der Herr mit Samuel reden wollte. 9 Darum wies er ihn an: „Geh, und leg dich wieder hin! Und wenn dich noch einmal jemand ruft, dann antworte: ‚Sprich, Herr, ich höre.'"
Also ging Samuel wieder zu Bett. 10 Da kam der Herr zu ihm und rief wie vorher: „Samuel, Samuel!" Der Junge antwortete: „Sprich, Herr, ich höre." 11 Darauf sagte der Herr: „Ich will in Israel etwas so Schreckliches tun, dass keiner es ertragen kann, davon zu hören. 12 Bald werde ich Eli und seine Familie schwer bestrafen. Genauso wie ich es mir vorgenommen habe, lasse ich das Unglück über sie kommen. 13 Ich habe es Eli schon gesagt. Denn er wusste genau, dass seine Söhne durch ihre Ma-

chenschaften meinen Zorn auf sich ziehen. Trotzdem ließ er sie tun, was sie wollten. Darum sollen sie und ihre Nachkommen für alle Zeiten unter meinem Fluch stehen. [14] Ich habe geschworen: Weder durch Tieropfer noch durch andere Opfergaben sollen die Nachkommen Elis diese Schuld je wiedergutmachen können!“
[15] Samuel blieb bis zum Morgen im Bett und öffnete dann wie gewohnt die Türen des Heiligtums. Er scheute sich, Eli von Gottes Botschaft zu erzählen. [16-17] Doch Eli rief ihn zu sich. „Mein Junge, was hat Gott dir gesagt?“, wollte er wissen. „Du musst mir alles genau berichten! Gott soll dich schwer bestrafen, wenn du mir auch nur ein Wort verheimlichst.“ [18] Da erzählte Samuel ihm alles, ohne etwas zu verschweigen. „Es ist der Wille des Herrn“, sagte Eli darauf, „er soll tun, was er für richtig hält.“

Bibelgespräch
30–45 Minuten
Wählen Sie ggf. unter den Fragen aus.

1. An welchen Stellen im Text finden Sie Hinweise darauf, dass hier etwas Altes zum Ende kommt und etwas Neues beginnt?

2. Vielleicht kann jemand aus der Gruppe ein paar Episoden aus Samuels späterem Leben als Hintergrund für den vorliegenden Text zusammentragen.

3. Tragen Sie in der Gruppe doch einmal alle Worte des Textes zusammen, die mit „hören“ und „sehen“ zu tun haben. Was fällt Ihnen dabei auf? Auf welche Personen sind diese Worte verteilt?

4. Elis Persönlichkeit kann man schnell kritisieren. Was lässt sich Positives über ihn sagen? Wie würden Sie an Elis Stelle auf Samuels Nachricht reagieren?

5. Vielleicht ist noch Zeit, 1 Sam 3,19–4,1a zu lesen. Gericht zu verkündigen war nur der Anfang für Samuel. Welche Verbindung sehen Sie zu folgender Aussage: „Es ist nicht genug, Gericht zu predigen, ohne Verantwortung für das zu übernehmen, was nach diesem Gericht kommt.“?

Austausch und Gebet
15–30 Minuten

Wählen Sie ggf. unter den Fragen aus. Sie können das Gespräch mit einem gemeinsamen Gebet abschließen, in dem Sie auf mögliche Fragen und Anliegen Bezug nehmen, die im Gespräch deutlich geworden sind. Fragen, die nicht in der Gruppe thematisiert werden, können Ihnen auch als Anstoß dienen, zu Hause den Text vertiefend zu betrachten.

1. Samuel hörte Gott an dem Ort, wo es in jener Zeit wohl am wahrscheinlichsten war, ihm zu begegnen: im Heiligtum. Wie stehen Sie zu

speziellen Orten für Gottesbegegnungen? Inwiefern könnten solche speziellen Orte helfen? Wo sehen Sie Gefahren?

2. Samuel widerfährt diese spezielle Gottesbegegnung nicht einfach so als spirituelles Erlebnis, sondern es war eine unbequeme Aufgabe daran geknüpft. Was sind Ihre Erwartungen an eine mögliche Gottesbegegnung?

3. Inwiefern könnte Gott schon zu Ihnen geredet haben, damit Sie eine bestimmte Sache ansprechen, Unrecht beim Namen nennen und zu Veränderung aufrufen?

4. Was können Sie folgendem Satz abgewinnen: „Es gibt eine Chance für Neues, und diese Chance erwächst aus Hannas Frömmigkeit, aus Elis Loslassen, aus Samuels Bereitschaft und aus Gottes Absicht, etwas Neues zu tun." (W. Brueggemann)?

Erläuterungen

Zusammenfassung: Diese Erzählung legitimiert und autorisiert Samuels politische und geistliche Leiterschaft für die nicht einfache Zeit des Übergangs zur Monarchie in Israel. Nachdem Israel sich in Kanaan niedergelassen hatte, war es offensichtlich schwierig, sich als eine politische Einheit zu präsentieren und auch zu verhalten. Es gab ein Leitungsvakuum, das Gott immer mal wieder durch charismatische Einzelpersonen füllte (die sogenannten Richter). Auch die Priester nahmen Leitungsaufgaben wahr. Eli war einer von ihnen. Aber im Großen und Ganzen war es eine sehr chaotische Zeit des Zerfalls von Gesellschaft und Werten.

Im Volk wurde der Ruf nach einem starken Mann wach, der das Volk zu einer Einheit bringen sollte. Gott entsprach diesem Wunsch und berief durch Samuel die beiden ersten Könige in Israel (Saul und David). Samuel ist derjenige, der Gott hört und seine Worte treu weitergibt (vgl. 1 Sam 3,19-21!).

3,1. Samuel wohnte bei Eli. Der junge Samuel wurde von seiner Mutter in den Tempel zu Eli gebracht, damit er Gott dort dienen konnte.
In der vorangehenden Erzählung wird davon berichtet, wie ein unbekannter Prophet Gottes Gericht über Eli und seine Familie vorhersagt (1 Sam 2,27-36). Die „Berufungsgeschichte" Samuels, die wir hier lesen, muss im Licht dieser Gerichtsandrohung gelesen werden. Das Ende Elis ist nahe. So kommt die Frage nach seinem Nachfolger auf, der nun dafür verantwortlich ist, die Stimme Gottes zu vermitteln und die Geschicke des Volkes zu leiten. Die Erwartung des Lesers, für den damals die Texte aufgeschrieben wurden, ist nun, dass nach dem Chaos der Richterzeit eine neue Leiterpersönlichkeit auftritt (2,35). Samuel wird in der weiteren Erzählung des 1 Sam bewusst in Kontrast zu Eli und seinen Söhnen gestellt.
„Zu jener Zeit geschah es sehr selten, dass der Herr den Menschen durch Worte oder Visionen etwas mitteilte." In der kurzen Einleitung wird das Hauptthema der folgenden Erzählung angerissen (das Reden Gottes und wer es hört) und zugleich ein Gesamturteil über Israels Situation gefällt. Anders als diese Übersetzung lässt der Urtext offen, ob nun keiner da war, der Gottes Reden hören wollte oder ob Gott wenig geredet hat.
Priester waren dazu berufen, Gottes Reden dem Volk zu vermitteln und die Anliegen des Volkes vor Gott zu bringen. Ihre Funktion als Mittler zwischen Gott und Menschen übten sie also im Lehren und Gebet aus.

3,3. Die Lampe im Heiligtum brannte noch. Über die reine Zeitangabe hinaus lässt sich diese Anmerkung durchaus auch im übertragenen Sinne verstehen: Visionen sind rar geworden, Eli wird langsam blind (V. 2) und moralisch fragwürdig (1 Sam 2,27-30). Doch Gottes Licht ist noch nicht ganz erloschen. Das äußere Zeichen seiner Gegenwart ist noch da und macht Hoffnung. Das Problem ist nur, dass das für die meisten offenbar keinen Unterschied macht – Gottes Volk ist blind und taub für seine Gegenwart.

3,4. ... da rief der Herr den Samuel. Die Erzählung ist für biblische Verhältnisse sehr wortreich. Dass Samuel und auch Eli die Situation erst einmal nicht verstehen, wird breit und mit Wiederholungen ausgeführt. Doch es ist nicht Samuels geringe Auffassungsgabe, die hier zum dreimaligen Ruf Gottes führt.

Vielmehr gibt **3,7** die Erklärung: **denn er hatte ihn noch nie reden hören.** Dass Samuel die Stimme nicht einordnen kann, lag also am Mangel an Möglichkeiten, in seinem bisherigen Training als Priester Gott tatsächlich zu begegnen. Warum Gott bislang nicht mit ihm gesprochen hatte, können wir nicht wissen. Doch als er es tut, ist das für Samuel eine neue Erfahrung.
Priester waren sozusagen die Spezialisten für das Heiligtum. Sie hatten dafür zu sorgen, dass dieser Ort, der als Ort der Gottesgegenwart verstanden wurde, nicht unrein gemacht wurde, denn dann würde sich Gott dort nicht mehr wohlfühlen und sich entfernen. Dazu brauchte es klare Grenzen, die vom Volk eingehalten werden mussten, Rituale, die symbolisch dafür sorgten, dass die Heiligkeit des Ortes nicht verletzt wurde, Opfergaben und Verwaltungsaufgaben, damit ein kontinuierlicher Gottesdienst gewährleistet werden konnte. Darüber hinaus hatten Priester auch Lehraufgaben, die bis in den seelsorglichen Bereich gingen (vgl. das Gespräch zwischen Eli und Hanna, Samuels Mutter: 1 Sam 1,12-18). Damit kommt der Priester der Aufgabe nach, Gottes Reden seinen Zeitgenossen zu vermitteln.
Eli, der erfahrene Priester, begreift erst beim dritten Mal, was hier vor sich geht, und legt Samuel eine angemessene Antwort nahe (**3,8-9 „Sprich, Herr, ich höre.“**).

Die eigentliche Botschaft Gottes an Samuel (**3,11-14**) ist eine Wiederholung der schon in 1 Sam 2 ergangenen Gerichtsrede über Eli (**3,13. „Ich habe es Eli schon gesagt.“**). Hier kommt es zur Bestätigung dieser ersten Prophetie und gleichzeitig zur Bestätigung Samuels als Prophet. Er muss gleich zu Beginn seiner „Karriere“ eine heftige, aber einfach zu überprüfende und mehrfach bezeugte Botschaft weitergeben. Ihre Radikalität wird sogar von Gott unterstrichen: **„... etwas so Schreckliches tun, dass keiner es ertragen kann, davon zu hören“ (V. 11).**
Für Eli und seine Familie hat diese Nachricht tatsächlich Unerträgliches. Doch für den Rest Israels? Oder mindestens die nähere Umgebung? 2 Kön 21,12 und Jer 19,3 verwenden dieselbe Formulierung, dort allerdings bezogen auf den Niedergang Judas und Jerusalems. Eventuell soll also auch 1 Sam verdeutlichen, dass die Absetzung des Priestergeschlechts Eli (vgl. 2,30) weitreichende Konsequenzen hat oder mindestens eine große Umwälzung markiert, nämlich den Übergang zum Königtum unter Samuels Leitung.
Etwas konkreter könnte diese Drohung bereits den Verlust der Bundeslade bei der Niederlage gegen die Philister andeuten (bei der übrigens auch Elis Söhne sterben; 1 Sam 4).

3,13. Trotzdem ließ er sie tun ... Eli wird weder hier noch in der vorangehenden Erzählung eigenes Fehlverhalten vorgeworfen (vgl. aber 2,29!). Vielmehr war ihm das Verhalten seiner Söhne aus der Hand geglitten. Hier den Fokus auf vermeintliche Erziehungsdefizite zu lenken, gibt der Text allerdings nicht her. Dem Autor geht es vor allem um die Nachfolge Elis. Da haben sich seine Söhne unwiderrufbar disqualifiziert.

3,14. „... Weder durch Tieropfer noch durch andere Opfergaben sollen die Nachkommen Elis diese Schuld je wiedergutmachen können!“ Dass auch Opfergaben nichts mehr gutmachen können, legt nahe, dass Elis Söhne keinerlei Reue bezüglich ihres Verhaltens gezeigt haben. Oder ihre Sünden fielen in die Kategorie der ganz schweren Vergehen, für die kein Opfer möglich ist (3 Mo 18+20). Bei allen anderen Vergehen waren in der Thora Sühneopfer vorgesehen (3 Mo 4-5).

3,17. „... was hat Gott dir gesagt?“ Hier haben sich die Rollen also bereits vertauscht: Ab jetzt ist es Samuel, der Gottes Worte empfängt und weitergibt, und Eli fragt bei ihm nach.

3,18. „Es ist der Wille des Herrn“, sagte Eli darauf, „er soll tun, was er für richtig hält.“ Elis Antwort auf die Nachricht ist bewundernswert. Er versucht sich nicht zu rechtfertigen, sondern erkennt an, dass Gott hier zu Samuel geredet hat.

7 David und Nathan

2. Samuel 12,1-14

Einstieg
15–20 Minuten
Wählen Sie bitte eine oder zwei Fragen aus.

1. Wer Macht ausübt, lebt immer in der Versuchung, sich selbst zu überschätzen und vollkommen unabhängig zu sein. Finden Sie hierfür Beispiele? Wer ruft heutzutage die Mächtigen dieser Welt zur Verantwortung?

2. Was denken Sie von Menschen, die sich gegen die Autoritäten und Mächtigen dieser Welt stellen (gegen Regierungen, Konzerne, Mafiabosse ...)? Dürfte man das auch als Christ?

Eine peinliche Begegnung

1 Der Herr sandte den Propheten Nathan zu David.
Als Nathan vor dem König stand, sagte er zu ihm: „Ich muss dir etwas erzählen: Ein reicher und ein armer Mann lebten in derselben Stadt. 2 Der Reiche hatte sehr viele Schafe und Rinder, 3 der Arme aber besaß nichts außer einem kleinen Lamm, das er erworben hatte. Er versorgte es liebevoll und zog es zusammen mit seinen Kindern groß. Es durfte sogar aus seinem Teller essen und aus seinem Becher trinken, und nachts schlief es in seinen Armen. Es war für ihn wie eine Tochter. 4 Eines Tages bekam der reiche Mann Besuch. Er wollte seinem Gast, der einen weiten Weg hinter sich hatte, etwas zu essen anbieten. Aber er brachte es nicht über sich, eines seiner eigenen Schafe oder Rinder zu schlachten. Darum nahm er dem Armen sein einziges Lamm weg und bereitete es für seinen Besucher zu."
5 David wurde vom Zorn gepackt und brauste auf: „So wahr der Herr lebt: Dieser Mann hat den Tod verdient! 6 Dem Armen soll er vier Lämmer geben für das eine, das er ihm rücksichtslos weggenommen hat."
7 Da sagte Nathan zu David: „Du bist dieser Mann! Der Herr, der Gott Israels, lässt dir sagen: ‚Ich habe dich zum König von Israel erwählt und dich beschützt, als Saul dich umbringen wollte. 8 Den gesamten Reichtum Sauls und auch seine Frauen habe ich dir gegeben. Ganz Israel und Juda gehören dir. Und sollte dir das noch zu wenig sein, würde ich dir sogar noch mehr schenken. 9 Warum also missachtest du meinen Willen? Warum hast du getan, was ich verabscheue? Den Hetiter Uria hast du ermordet und dann seine Frau geheiratet. Ja, du, David, bist der Mörder Urias, denn du hast angeordnet, dass Uria im Kampf gegen die Ammoniter fallen sollte! 10 Von mir hast du dich abgewandt und Uria die Frau

weggenommen. Darum sollen von nun an in jeder Generation einige deiner Nachkommen einen grausamen Tod erleiden.
11 Ich, der Herr, sage dir: Jemand aus deiner eigenen Familie wird dich ins Unglück stürzen. Ich selbst werde dafür sorgen. Du musst erleben, wie ein Mann, der dir sehr nahesteht, dir deine Frauen wegnimmt und in aller Öffentlichkeit mit ihnen schläft. 12 Was du, David, heimlich getan hast, das lasse ich am helllichten Tag geschehen. Ganz Israel soll Zeuge sein.'"
13 Da bekannte David: „Ich habe gegen den Herrn gesündigt." Nathan erwiderte: „Der Herr hat dir vergeben, du wirst nicht sterben. 14 Doch wegen deiner Tat spotten die Feinde Gottes noch mehr über ihn. Darum muss der Sohn, den Batseba dir geboren hat, sterben."

Bibelgespräch
30–45 Minuten
Wählen Sie ggf. unter den Fragen aus.

1. Fassen Sie kurz zusammen, was in 2 Sam 11 vorgefallen war. Vergleichen Sie 2 Sam 11,3-4 und 12,1. Welche Parallele sehen sie?

2. Wie würden Sie Nathans Strategie in der Konfrontation mit David beschreiben?

3. Welche Elemente zwischen Nathans Gleichnis und Davids tatsächlichem Handeln lassen sich vergleichen?

4. Die Verse 7-12 lassen sich in drei Teile gliedern. Inwiefern können Sie das nachvollziehen? Welche Überschriften würden Sie diesen Teilen geben?

5. Wie würden Sie Davids Gesinnungswandel während dieser Gottesbegegnung beschreiben?

6. Würden Sie Davids letzte Antwort als Bekenntnis und Umkehr gelten lassen? Ist das nicht zu wenig Zerknirschung? Wie sieht das Gott?

7. Wie passt Gottes Vergebung zu der „Strafe", die David immer noch davonträgt?

Austausch und Gebet
15–30 Minuten

Wählen Sie ggf. unter den Fragen aus. Sie können das Gespräch mit einem gemeinsamen Gebet abschließen, in dem Sie auf mögliche Fragen und Anliegen Bezug nehmen, die im Gespräch deutlich geworden sind. Fragen, die nicht in der Gruppe thematisiert werden, können Ihnen auch als Anstoß dienen, zu Hause den Text vertiefend zu betrachten.

1. Wenn Sie diesen Dialog als Gottesbegegnung lesen, welche Seiten Gottes bekommt David hier zu spüren? Passt das zu Ihrem Gottesbild?

2. Der Prophet Nathan musste eine schwierige Nachricht an den Mann bringen. Wie wir aus anderen Texten wissen, konnte so etwas lebensgefährlich sein. Welche Schlussfolgerungen ziehen Sie daraus, wenn Sie bedenken, dass die Kirche heute Gottes Sprachrohr ist?

3. Wenn Sie bedenken, dass beide, sowohl Nathan als auch David, vollwertige Glieder des Gottesvolkes sind, was könnte dies für mögliche Gesprächsgänge innerhalb der Kirche bedeuten?

4. Diese Gottesbegegnung dreht sich vor allem um Aufdecken von vergangener Sünde und ihren Konsequenzen, doch geht es auch um den Blick nach vorne, um die Ermöglichung von Bekenntnis und Umkehr. Wo müsste in Ihrem persönlichen Leben oder auch in Ihrem Umfeld neu der Schwerpunkt auf das gelegt werden, was nach der Sünde kommt?

Erläuterungen

Zusammenfassung: Dieser Text handelt von einer vermittelten Gottesbegegnung: Nathan, der Prophet Gottes, konfrontiert David mit seiner eigenen Sünde, stellt sie dabei in ihren wahren Zusammenhang und zeigt ihre Abgründe und Konsequenzen auf. David hatte mit einer gewissen Batseba Ehebruch begangen und in Folge ihren Ehemann umbringen lassen. Mittels einer wunderbar passenden kleinen Geschichte, einer Parabel, überführt Nathan den König.

12,1. Der Herr sandte ... Im vorangehenden Kapitel war es David, der „sandte", um zu „holen". Jetzt ist es Gott, der sendet – um zu konfrontieren. Manchmal ist es nicht möglich, über Gesetze und Gerichte Recht zu schaffen. (Welche Instanz würde denn den König konfrontieren? Wer sollte nach Urias Tod überhaupt noch Interesse an Aufklärung haben?) Gott nimmt sich also der Lage an. Selbst seinen Gesalbten, also den von ihm eingesetzten König, lässt er nicht ungestraft davonkommen (vgl. 11,27b). Dies spiegelt die jüdische Überzeugung wider, dass ihr Gott für Gerechtigkeit sorgen wird (persönlich: 1 Mo 16,5; 2 Mo 5,21; 1 Sam 24,12f; 2 Kön 9,26; Spr 22,22f; Jes 10,1-3; Am 6,1-8.13f; Mi 2,1-4; und als Volk: Jes 10,5-15; 13f; 47; 63,1-6; Jer 50f; Hes 26-28; 35; 38; Am 1; Ob; Nah 2f; Zef 2,4-15; Ps 2). Da unser Gott nach wie vor derselbe ist, gilt es auch für Christen, dass Gott einerseits für ihre Gerechtigkeit sorgen wird – nicht nur im „Himmel" – und andererseits auch sie für ihre Ungerechtigkeit zur Rechenschaft ziehen wird (vgl. Röm 14,10-13; 1 Kor 3,12-17; Kol 3,25).
„Ich muss dir etwas erzählen: ..." Die nun folgende Geschichte lässt sich am besten als Parabel verstehen. Diese kurzen Beispielgeschichten leben davon, dass eine ganz gewöhnliche Begebenheit eine ungewöhnliche Wendung nimmt. Nathans Parabel gewinnt ihre Spannung aus starken Kontrasten: arm/reich, ein Schaf/große Herde, fast schon übertriebene Fürsorge/herzloses Wegnehmen. Mit großem rhetorischen Geschick baut Nathan die Spannung auf und spielt mit den Gefühlen seines Zuhörers (mit Erfolg, wie 12,5-6 zeigt).

12,4. Die plötzliche Wendung kommt erst im letzten Satz: **„Darum nahm er dem Armen sein einziges Lamm weg und bereitete es für seinen Besucher zu."** Der Schock und die Abscheu sitzen tief: krasse Ungerechtigkeit im Mäntelchen von generöser Gastfreundschaft.

12,5. David wurde vom Zorn gepackt und brauste auf. Diese Bibelübersetzung trifft den Sinn sehr gut. Daher ist Davids Rede (**„Dieser Mann hat den Tod verdient ..."**) nicht als gültiges Gerichtsurteil aufzufassen, sondern vielmehr als emotionale Überreaktion – geboren aus der Situation und getragen von Davids Abscheu vor der eben gehörten Ungerechtigkeit.
Deswegen ist Gottes tatsächliches Gericht an David auch nicht unbedingt als besonders barmherzig zu werten (weil er David nicht sterben lässt).
Aber David hat die Übertragung der Parabel auf seine eigene Situation (noch) nicht verstanden. Er kommt hier in kein gutes Licht: Seinem Zorn nach zu urteilen, funktioniert sein Gewissen noch; in der Kette seiner Verstrickungen muss er also bewusst dagegen gehandelt haben. Eins kam zum anderen, und wahrscheinlich hätte er jederzeit aussteigen können (vgl. 1 Mo 4,7!). Doch er zog den Ehe-

bruch, den Mord usw. durch, ohne auf sein Gewissen zu hören.

12,7. „Du bist dieser Mann!“ Nathan spricht das aus, was der Leser bis dahin wohl schon verstanden hat, und fügt gleich, diesmal in ganz direkter Sprache, Gottes Perspektive der ganzen Situation an.
Die Parabel ist nicht eins zu eins auf Davids Sünde übertragbar. So ist zwar das Lamm mit Batseba gleichzusetzen, doch wird ja nicht sie umgebracht, sondern ihr Ehemann, für den in der Beispielgeschichte der arme Mann steht.
Es geht hier vielmehr um den krassen Machtmissbrauch seitens David. Dieser spiegelt sich im Verhalten des Reichen in der Parabel wider. Beide „nehmen“ sich einfach, was sie haben wollen (11,4!), offensichtlich weil sie können.

12,7-8. „Ich habe dich zum König von Israel erwählt ...“ In einem ersten Schritt zeigt Nathan Gottes „Geben“ als Kontrast zu Davids rücksichtslosem „Nehmen“ auf.

12,9-10. „Warum also missachtest du meinen Willen? ...“ Hier wird die Tat Davids in einen theologischen Zusammenhang gesetzt: David hat Gottes Wort missachtet, getan, was böse ist in Gottes Augen. David hatte versucht, alles zu vertuschen und dann kleinzureden (vgl. 11,25). Davids Taten richten sich nicht einfach nur gegen Batseba und Uria, sie sind gegen Gott gerichtet. Damit rückt sich David in unbequeme Gesellschaft: Genau dies war Gottes Urteil über seinen Vorgänger Saul (1 Sam 15,26). Vor Gott sind Ehe und menschliches Leben zu schützen und nicht zu zerstören.

12,11-12. „Ich, der Herr, sage dir: ...“ In einem dritten Schritt wird nun das Gericht Gottes verkündet. Die Gewalt, die David walten ließ, wird von nun an seine eigene Familie begleiten: Batsebas Kind stirbt; Inzucht und Vergewaltigung; Rachemord; militärische Rebellion durch einen Sohn; der Tod dieses Sohnes. Das angesprochene Vergewaltigen von Davids Frauen „erfüllt“ sich durch Absalom, der in einem Zelt auf dem Dach des Palastes sich damit alle königlichen Vorrechte zueignet (16,15-23).

12,13a. „Ich habe gegen den Herrn gesündigt.“ Davids Antwort kommt fast genauso unvermittelt wie Nathans vorheriges „Du bist dieser Mann!“ (12,7). David hat seine Bereitschaft, Gott zu folgen, noch nicht aufgegeben und übernimmt nun Verantwortung, indem er bekennt und umkehren will.
Die wenigen Worte sind mehr Zeugnis seiner Ernsthaftigkeit als Ausdruck von Halbherzigkeit. Das zeigt auch Nathans Antwort, mit der er Vergebung zusichert (12,13b).

Schlussbemerkung: Auch wenn David wegen seiner Umkehr am Leben bleiben darf (vgl. 2 Mo 21,12-16!), werden seine Taten doch immer noch Konsequenzen haben (12,14). Was getan wurde, kann nicht ungeschehen gemacht werden, und die Schockwellen seiner Gewalt werden weiterhin seine Familie erschüttern. Gottes Vergebungsbereitschaft begann also nicht erst mit Jesus, in David haben wir ein schönes Beispiel, und überhaupt ist sie seit Anbeginn der Schöpfung der eigentliche Grund für das Fortbestehen der Menschheit (1 Mo 8,21f). Gott vergibt – immer wieder. Und doch werden auch wir immer noch an den Konsequenzen, die unser Fehlverhalten nach sich zieht, leiden müssen. Das schließt allerdings nicht aus, dass Gott die Konsequenzen mildern oder annullieren kann, doch automatisch kommt das nicht, und einklagbar ist es auch nicht. Was jedoch ein für alle Mal durch Jesus geregelt ist, ist, dass uns die Sünde nicht mehr auf Ewigkeit von Gott trennt.

8

Elia in der Wüste

1. KÖNIGE 19,1-19

Einstieg
15–20 Minuten
Wählen Sie bitte eine oder zwei Fragen aus.

1. Kennen Sie das Gefühl, etwas Großartiges geleistet zu haben und danach in ein tiefes emotionales Loch zu fallen, wenn die Anspannung weg ist? Finden Sie das normal, oder zeugt es von Schwäche?

2. Was meinen Sie: Welche Erwartungen hätten Ihre Zeitgenossen an Gott, wenn er sich offenbaren würde? Welche Art von göttlicher Erscheinung würden heutige Menschen am ehesten erwarten?

3. Tragen Sie ein paar Beispiele zusammen von Menschen, die ihre Arbeit an die nächste Generation weitergeben mussten.
Was passiert normalerweise an solchen Übergängen?
Woran liegt es, wenn es gut geht, wenn Probleme auftreten?

Eine leise Begegnung

[1] Ahab berichtete Isebel alles, was Elia getan hatte, vor allem, wie er die Propheten Baals mit dem Schwert getötet hatte. [2] Da schickte Isebel einen Boten zu Elia, der ihm ausrichten sollte: „Die Götter sollen mich schwer bestrafen, wenn ich dir nicht heimzahle, was du diesen Propheten angetan hast! Morgen um diese Zeit bist auch du ein toter Mann, das schwöre ich!“ [3] Da packte Elia die Angst.
Er rannte um sein Leben und floh bis nach Beerscheba ganz im Süden Judas. Dort ließ er seinen Diener, der ihn bis dahin begleitet hatte, zurück. [4] Allein wanderte er einen Tag lang weiter bis tief in die Wüste hinein. Zuletzt ließ er sich unter einen Ginsterstrauch fallen und wünschte, tot zu sein. „Herr, ich kann nicht mehr!“, stöhnte er. „Lass mich sterben! Irgendwann wird es mich sowieso treffen, wie meine Vorfahren. Warum nicht jetzt?“ [5] Er streckte sich unter dem Ginsterstrauch aus und schlief ein.
Plötzlich wurde er wachgerüttelt. Ein Engel stand bei ihm und forderte ihn auf: „Elia, steh auf und iss!“ [6] Als Elia sich umblickte, entdeckte er neben seinem Kopf einen Brotfladen, der auf heißen Steinen gebacken war, und einen Krug Wasser. Er aß und trank und legte sich wieder schlafen. [7] Doch der Engel des Herrn kam wieder und rüttelte ihn zum zweiten Mal wach. „Steh auf, Elia, und iss!“, befahl er ihm noch einmal. „Sonst schaffst du den langen Weg nicht, der vor dir liegt.“

[8] Da stand Elia auf, aß und trank. Die Speise gab ihm so viel Kraft, dass
er vierzig Tage und Nächte hindurch wandern konnte, bis er zum Berg
Gottes, dem Horeb, kam. [9] Dort ging er in eine Höhle, um darin zu
übernachten.
Plötzlich sprach der Herr zu ihm: „Elia, was tust du hier?" [10] Elia antwortete: „Ach Herr, du großer und allmächtiger Gott, mit welchem Eifer
habe ich versucht, die Israeliten zu dir zurückzubringen! Denn sie haben
den Bund mit dir gebrochen, deine Altäre niedergerissen und deine Propheten ermordet. Nur ich bin übrig geblieben, ich allein. Und nun trachten sie auch mir nach dem Leben!"
[11] Da antwortete ihm der Herr: „Komm aus deiner Höhle heraus, und
tritt vor mich hin! Denn ich will an dir vorübergehen." Auf einmal zog
ein heftiger Sturm herauf, riss ganze Felsbrocken aus den Bergen heraus
und zerschmetterte sie. Doch der Herr war nicht in dem Sturm. Als
Nächstes bebte die Erde, aber auch im Erdbeben war der Herr nicht.
[12] Dann kam ein Feuer, doch der Herr war nicht darin. Danach hörte Elia
ein leises Säuseln. [13] Er verhüllte sein Gesicht mit dem Mantel, ging zum
Eingang der Höhle zurück und blieb dort stehen. Und noch einmal wurde er gefragt: „Elia, was tust du hier?" [14] Wieder antwortete Elia: „Ach
Herr, du großer und allmächtiger Gott, mit welchem Eifer habe ich versucht, die Israeliten zu dir zurückzubringen! Denn sie haben den Bund
mit dir gebrochen, deine Altäre niedergerissen und deine Propheten umgebracht. Nur ich bin übrig geblieben, ich allein. Und nun trachten sie
auch mir nach dem Leben!"
[15] Da gab der Herr ihm einen neuen Auftrag: „Elia, geh den Weg durch
die Wüste wieder zurück und weiter nach Damaskus! Salbe dort Hasaël
zum König von Syrien! [16] Danach salbe Jehu, den Sohn Nimschis, zum
König von Israel und schließlich Elisa, den Sohn Schafats, aus Abel-Me-
hola, zu deinem Nachfolger als Prophet. [17] Wer dem Todesurteil Hasaëls
entrinnt, den wird Jehu umbringen; und wer ihm entkommt, den wird
Elisa töten. [18] Aber 7000 Menschen in Israel lasse ich am Leben, alle, die
nicht vor Baal auf die Knie gefallen sind und seine Statue nicht geküsst
haben."
[19] Als Elia wieder in Israel war, suchte er Elisa, den Sohn Schafats, auf.
Elisa pflügte gerade ein Feld. Vor ihm her gingen elf Knechte mit je einem Ochsengespann, und er selbst führte das zwölfte und letzte Ge-
spann. Elia kam ihm über das Feld entgegen, warf ihm seinen Mantel
über die Schultern und ging weiter.

Bibelgespräch
30–45 Minuten
Wählen Sie ggf. unter den Fragen aus.

1. Kurz vor dieser Geschichte hat Elia Gottes große Macht gegenüber Baal, dem kanaanäischen Regen- bzw. Sturmgott, erlebt (1 Kön 18). Mit welchen Worten würden Sie die Beziehung zwischen der Erzählung des großen Sieges und der Depression Elias im vorliegenden Text beschreiben?

2. Inwiefern kann man den Weg Elias in die Wüste (19,1-9) als Bild seines inneren Zustands verstehen? Wie würden Sie zusammenfassen, was in dieser Gottesbegegnung geschieht?

3. An welche Begebenheit erinnert Sie die Zahl 40 und der Berg Horeb/ Sinai (19,8-9)? Was könnte diese Verbindung für unseren Text bedeuten?

4. Sturm, Erdbeben, Feuer (19,11-12) begleiten Gotteserscheinungen üblicherweise. Sie erinnern an 2 Mo und 1 Kön 18. Warum, meinen Sie, offenbart sich Gott diesmal nicht darin?

5. Ihnen ist sicher die wörtliche Wiederholung von 19,9b-10 in 13b-14 aufgefallen. Wozu hat der Autor das so gestaltet? Was kommt jeweils nach der Antwort Elias? Können Sie einen gedanklichen Fortschritt erkennen?

6. Inwiefern ist die letzte Gottesrede (19,15-18) eine Antwort auf Elias Flucht und seine Verzweiflung? Inwiefern macht es Sinn, in diesem Auftrag eine Parallele zu dem leisen Hauch Gottes zu sehen, so wie Feuer und Sturm zu Elias Auftrag in Kap 18 gehörten?

Austausch und Gebet
15–30 Minuten

Wählen Sie ggf. unter den Fragen aus. Sie können das Gespräch mit einem gemeinsamen Gebet abschließen, in dem Sie auf mögliche Fragen und Anliegen Bezug nehmen, die im Gespräch deutlich geworden sind. Fragen, die nicht in der Gruppe thematisiert werden, können Ihnen auch als Anstoß dienen, zu Hause den Text vertiefend zu betrachten.

1. Gott lässt sich offensichtlich nicht auf einen bestimmten Erscheinungsmodus (laut oder leise, als Engel, brennender Busch etc.) festlegen. Inwiefern entspricht oder widerspricht dies Ihren Erwartungen an eine Gottesbegegnung? Könnte es sein, dass Sie eigene Erwartungen anpassen müssen?

2. Wie sehen Sie die Bereitschaft von Christen heutzutage zu akzeptieren, dass Gott auch durch langfristige Entwicklungen in der Geschichte handelt?

3. Ob man Wunder erwartet, hängt sicherlich von jedem Einzelnen ab. Manchmal ist es aber auch gesellschaftlich „in Mode". Was hat unser Text in einer solchen Kultur zu sagen?

4. Elia wollte bzw. musste seinen „Mantel" weitergeben. Das könnte man als Niederlage interpretieren. Oder als Kündigung seitens Gottes. Oder als Fortführung des Dienstes. Was würden Sie von Gott erwarten, wenn Sie in einer ähnlichen Situation stehen würden? Wäre das Weitergeben für Sie eher eine Strafe oder eine Erleichterung?

5. In welcher Form dürfen wir heute Gottes Stärkung und den Ausdruck seines Verständnisses für uns in schwierigen Zeiten erwarten?

Erläuterungen

Zusammenfassung: Dieser sehr bekannte Text lässt sich am besten als Kontrapunkt zu den vorangehenden Kapiteln 17-18 verstehen. Dort war Elia ein Held (stark, ausdauernd, treu, überzeugt, autoritär, kämpferisch). Hier ist er depressiv (schläft ständig, muss aufgefordert werden zu essen, wünscht sich zu sterben, verschobene Wirklichkeitswahrnehmung). Beide Male erlebt Elia Gottesbegegnungen, wie sie unterschiedlicher nicht sein könnten.

19,1-3. Da schickte Isebel einen Boten zu Elia, der ihm ausrichten sollte: „... Morgen um diese Zeit bist auch du ein toter Mann, das schwöre ich!" Warum Isebel einen Boten (im Hebräischen übrigens dasselbe Wort wie später für den Engel, der Elia versorgt – Ironie?) und nicht gleich einen Auftragsmörder schickt, ist unklar.
Aber auf der literarischen Ebene ist klar, dass diese Verse lediglich die Begründung für Elias Flucht sein sollen. Elia ist gewarnt und reagiert entsprechend.

19,3. Elia ... floh bis nach Beerscheba. Viel weiter südlich kann man innerhalb Israels nicht fliehen. Außerdem liegt Beerscheba in Juda und daher außerhalb des politischen Einflusses von Isebel. Möglicherweise fühlt er sich dort sicherer.

19,4. „Lass mich sterben! Irgendwann wird es mich sowieso treffen, wie meine Vorfahren." Wahrscheinlich meint Elia hier nicht seine biologischen Vorfahren, sondern eher seine dienstlichen Vorgänger, wie z. B. Mose. Auch der hatte nach dem riesigen Erfolg des Auszugs aus Ägypten seinen Zusammenbruch, da sich das Volk nicht gut leiten ließ (vgl. 4 Mo 11,14-15). Elia ist nun ebenfalls alles zu viel, er wird depressiv und lebensmüde.

19,6. ... einen Krug Wasser ... Das Wort für „Krug" an dieser Stelle ist sehr selten in der hebräischen Bibel, kommt aber ausgerechnet auch in der Erzählung von Elia und der Witwe von Sarepta (1 Kön 17) vor. Vielleicht soll angedeutet werden, dass auch ein Prophet Gottes manchmal nicht weiter geben kann, sondern selbst es nötig hat zu empfangen. Möglicherweise wird auch auf das Manna und Wasser in der Wüstenwanderungserzählung (2 Mo und 4 Mo) angespielt. Sicher wird hier an Gottes Versorgung in der Vergangenheit erinnert.

19,5-7. Auch wenn Isebel Elia gerne tot sehen würde und selbst er sich seinen Tod herbeisehnt, lässt ihn Gott doch nicht sterben. Die Gottesbegegnung, die Elia für den Weg zum Berg Sinai vorbereitet, wird von einem göttlichen Boten (**Engel**) vermittelt.

19,8. ... zum Berg Gottes, dem Horeb. Dies ist der Berg der Offenbarung und Gottesbegegnung schlechthin (vgl. 2 Mo 19-20).

19,9. Dort ging er in eine Höhle. Im Urtext heißt es „die Höhle". Möglicherweise möchte der Autor auf die ganz ähnliche Gottesbegegnung Moses anspielen und meint dieselbe Höhle, in der sich Mose vor Gottes Angesicht verbarg (2 Mo 33,22). Dass Elia hier so sehr in die Nähe Moses gerückt wird, bestärkt ihn in seiner prophetischen Autorität, da Mose als der größte aller Propheten angesehen wurde (5 Mo 34,10). Dass dies ausgerechnet im Moment der größten Schwäche Elias geschieht, hat ihn vielleicht neu ermutigt.
Dass Gott uns besonders auch an Tiefpunkten begegnet, ist ein Ausdruck seiner Fürsorge. Er ist nicht nur ein Gott der Starken und Erfolgreichen oder derer, die alles im Griff haben.

Auf Anfrage Gottes (**19,9b**) erwähnt Elia mit keinem Wort den großen Erfolg Gottes auf dem Berg Karmel und blendet die Bestätigung seitens des Volkes aus (1 Kön 18,39). Alles in allem ist Elias Sicht der Dinge (**19,10**) nicht wirklich gestützt von dem, was wir aus der vorangehenden Erzählung wissen. Er sieht die Realität schwärzer, als sie offenbar ist.

19,12. ... ein leises Säuseln. Im Urtext wörtlich: „eine Stimme eines feinen Flüsterns". Was genau Elia gehört hat, ob es auch Inhalt hatte oder nur Geräusch war, war dem Autor dieser Geschichte offenbar nicht wichtig. Wichtig hingegen ist der starke Kontrast zu den vorangehenden „lauteren Erscheinungsformen" Gottes.
Dass Gottes Gegenwart in der Stille sehr deutlich war, zeigt Elias Reaktion (**19,13. Er verhüllte sein Gesicht mit dem Mantel**). Es ist also nicht der große, laute (und blutige) Erfolg vom Karmel, der Elia ermutigt und ihn, den Propheten, von der göttlichen Gegenwart überzeugt, sondern die leise, persönliche und wohl tiefergehende Begegnung.

19,13b-14. „... Und nun trachten sie auch mir nach dem Leben!" Elia gibt dieselbe Antwort auf Gottes selbe Frage wie vorher (vgl. **19,9b-10**). Die erfahrene Gottesbegegnung scheint für Elias Wahrnehmung seiner Situation also keinen großen Unterschied gemacht zu haben. Aber Gott ist geduldig, hebt ein drittes Mal an und redet mit Elia (**19,15-18**). Damit wird die bislang ungedeutete Stille mit Sinn gefüllt:

19,15-16. „Elia, geh den Weg ... zurück und weiter nach Damaskus! ..." Elia soll also einfach wieder zu seiner Arbeit zurückkehren. Diesmal gibt es kein spezielles, großes Sondererlebnis, sondern lediglich zwei Königssalbungen, durch die Gott später indirekt, quasi durch den Gang der Geschichte, handeln wird. Aber, wie wir später lernen (2 Kön 8,7-10,31), ist es nicht einmal Elia, sondern sein Nachfolger Elisa, der diese Aufträge ausführt. Dass Gott durch geschichtliche Ereignisse handelt, war im Alten Testament eine Grundüberzeugung. Dass dieses Handeln auch sehr auf sich warten lassen kann, wurde aber, wenn auch schmerzlich, ebenfalls akzeptiert.
Solche Erwartungen an Gottes langfristiges Handeln vertragen sich nur schlecht mit dem modernen individualistischen Weltbild, das auf sofortige und klar erkennbare Ergebnisse pocht. Oft erscheinen wir uns selbst als so wichtig, dass wir denken, Gott müsse sich immer sofort um alles kümmern. Andernfalls unterstellen wir ihm, er würde sich gar nicht kümmern.
„Salbe ... schließlich Elisa ... zu deinem Nachfolger als Prophet." Dies also ist Gottes Antwort auf Isebels Androhung gegenüber Elia: die relativ unspektakuläre Salbung des Amtsnachfolgers. Manchmal scheint Gott andere Sorgen zu haben, als unsere unmittelbaren und ach so dringenden Probleme zu beseitigen. Elias größte Angst, die Bedrohung seines Lebens, scheint sich zumindest eher nebenbei zu erledigen. Das „Problem Isebel" an sich löst sich dann ohne größeres Zutun eines Propheten „von selbst", wenn auch Jahre später (2 Kön 9,30-37).

19,18. „7000 Menschen lasse ich am Leben ..." Zum Abschluss nimmt Gott nochmals Bezug auf Elias schiefe Wirklichkeitswahrnehmung. Nicht nur er als einziger Nicht-Baal-Nachfolger war übrig geblieben (vgl. V. 14). Auch wenn in Israel der Baalskult zur Zeit von Elia sehr dominant war, so war doch eine ganze Reihe Israeliten ihrem Bundesgott treu geblieben.

19,19. Elia warf ihm seinen Mantel über die Schultern und ging weiter. Ganz wie Gott an Elia in der Höhle vorbeigegangen war, so geht Elia nun an Elisa vorbei und wirft ihm in einem symbolischen Akt der Berufung seinen Mantel über. Der Mantel wird später für beide Propheten das, was für Mose sein Stab war: Drei Mal wird auf wunderbare Weise Wasser getrennt (2 Kön 2,8; 13-14; vgl. 2 Mo 7,14-18, 14,16).
Den Mantel könnte man als Zeichen von Gottes Beauftragung für einen bestimmten Dienst verstehen. Solch eine Berufung ist mit der Erfüllung der Aufgabe beendet. Selbstverständlich gibt es aber auch allgemeinere „Aufgaben" – wie die Nachfolge Jesu –, die keine Erfüllung im eigentlichen Sinne haben. Somit bleibt die Berufung dazu auch bestehen.
Es gehört zur christlichen Demut anzuerkennen, wenn andere von Gott dazu berufen sind, die eigene Arbeit, die eigenen Projekte weiterzuführen, oder auch zu akzeptieren, wenn Gott selbst Projekte beendet. Dass dies schwierig ist, beweist die Tatsache, dass manche Menschen auf Gedeih und Verderb an lieb gewonnenen Aufgaben oder Projekten festhalten, deren Zeit allerdings schon abgelaufen ist.

9 Jesajas Vision

Jesaja 6,1-13

Einstieg
15–20 Minuten
Wählen Sie bitte eine oder zwei Fragen aus.

1. Kennen Sie die Situation, dass Sie jemandem etwas sagen wollen oder müssen und Sie doch schon genau wissen, dass derjenige überhaupt nichts davon wissen will und Sie komplett ignorieren wird? Mit welchen Gefühlen gehen Sie in ein solches Gespräch?

2. Haben Sie sich schon einmal ganz begeistert für eine Aufgabe gemeldet und erst hinterher gemerkt, dass es doch nicht so ganz das war, was Sie sich darunter vorgestellt hatten? Haben Sie trotzdem weitergemacht?

Eine furchtbare Begegnung

1 Es war in dem Jahr, als König Usija starb. Da sah ich den Herrn auf einem hohen, gewaltigen Thron sitzen. Der Saum seines Gewandes füllte den ganzen Tempel aus. 2 Er war umgeben von mächtigen Engeln, jeder von ihnen hatte sechs Flügel. Mit zwei Flügeln bedeckten sie ihr Gesicht, mit zweien ihren Leib, und zwei brauchten sie zum Fliegen. 3 Sie riefen einander zu:
„Heilig, heilig, heilig ist der Herr, der allmächtige Gott! Seine Herrlichkeit erfüllt die ganze Welt."
4 Ihre Stimme ließ die Fundamente des Tempels erbeben, und das ganze Heiligtum war voller Rauch. 5 Entsetzt rief ich: „Ich bin verloren! Denn ich bin ein Sünder und gehöre zu einem Volk von Sündern. Mit jedem Wort, das über unsere Lippen kommt, machen wir uns schuldig! Und nun habe ich den Herrn gesehen, den allmächtigen Gott und König!"
6 Da flog einer der Engel zu mir mit einer glühenden Kohle in der Hand, die er mit der Zange vom Altar geholt hatte. 7 Er berührte damit meinen Mund und sagte: „Die glühende Kohle hat deine Lippen berührt. Deine Schuld ist jetzt weggenommen, dir sind deine Sünden vergeben."
8 Danach hörte ich den Herrn fragen: „Wen soll ich als Boten zu meinem Volk senden? Wer ist bereit zu gehen?" Ich antwortete: „Ich bin bereit, sende mich!" 9 Da sprach er: „Geh und sag diesem Volk: ‚Hört mir nur zu, solange ihr wollt, ihr werdet doch nichts verstehen. Seht nur her, ihr werdet doch nichts erkennen!' 10 Sag ihnen das, und mach ihre Herzen hart und gleichgültig, verstopf ihre Ohren, und verkleb ihre Augen! Sie sollen weder sehen noch hören, noch mit dem Herzen etwas verstehen, damit sie nicht umkehren und geheilt werden."

[11] Ich fragte: „Herr, wie lange soll das so gehen?“, und er antwortete: „Bis die Städte entvölkert und zerstört sind, bis die Häuser leer stehen und das ganze Land zur Wüste geworden ist. [12] Ich werde seine Bewohner in fremde Länder verschleppen. Ganz Israel wird einsam und verlassen daliegen.
[13] Und sollte auch nur ein Zehntel der Bevölkerung im Land zurückgeblieben sein, wird es noch einmal verwüstet werden. Mein Volk gleicht dann einem gefällten Baum, von dem nur noch der Stumpf übrig geblieben ist. Doch aus diesem Wurzelstock wird einmal etwas Neues wachsen: ein Volk, das mir gehört.“

Bibelgespräch
30–45 Minuten
Wählen Sie ggf. unter den Fragen aus.

1. An welchen Elementen machen Sie fest, dass Gott hier als König beschrieben wird? Welche Untertöne könnte dies für die Zeitgenossen Jesajas gehabt haben?

2. Was könnte Jesajas Vision von Gott mit Reinheit, Gerechtigkeit und Ethik zu tun haben? Beachten Sie auch Jesajas Reaktion auf die Vision.

3. „Gott als heilig zu bezeichnen heißt, ihn als den ganz anderen wahrzunehmen.“ Wie würden Sie diesen Satz füllen? Was ist damit gemeint? Und was hat Jesaja durch seine Vision über Gott sagen wollen?

4. Wie würden Sie den Inhalt von Gottes Botschaft an Juda wiedergeben? Wie verstehen Sie das Ziel, die Absicht dieser Botschaft?

5. Für was sehen Sie mehr Anhaltspunkte im Text: dass Gott hier die Verstockung seines Volkes beabsichtigt oder dass er lediglich die vorhersagbare ablehnende Reaktion des Volkes auf Jesajas Botschaft beschreibt?

6. Für Jesaja war diese Gottesbegegnung nicht bequem und auch nicht erfreulich. Finden Sie vielleicht andere Beispiele aus der Bibel von Menschen, denen es ähnlich ging? In welches Licht rücken diese Überlegungen Jesajas Worte „Sende mich!“?

Austausch und Gebet
15–30 Minuten

Wählen Sie ggf. unter den Fragen aus. Sie können das Gespräch mit einem gemeinsamen Gebet abschließen, in dem Sie auf mögliche Fragen und Anliegen Bezug nehmen, die im Gespräch deutlich geworden sind. Fragen, die nicht in der Gruppe thematisiert werden, können Ihnen auch als Anstoß dienen, zu Hause den Text vertiefend zu betrachten.

1. Für Jesaja war Gottes Botschaft unausweichlich: Gott wird nicht an ihm, auch nicht an seinem Volk einfach so vorbeigehen. Was macht diese Aussage mit Ihnen?

2. Gott, der ganz andere. Was verstehen Sie darunter? Sind Sie einverstanden? Hätten Sie gerne einen anderen Gott?

3. Wenn Sie sich eine schwierige Seite Gottes für die nächsten Wochen zum Durchdenken und Durchkämpfen vornehmen sollten, welche wäre es?

Erläuterungen

Zusammenfassung: Oft wird bei diesem Text vom Berufungserlebnis Jesajas geredet. Es scheint aber letztlich „nur" um einen bestimmten Verkündigungsauftrag zu gehen. Eventuell hat Jesajas Prophetenkarriere schon früher begonnen, aber diese historischen Fragen bleiben im Dunklen.
Jes 6 steht jedoch an einer literarischen Nahtstelle: Das Kapitel beschließt den Einleitungsteil des Buches (Jes 1-5) und bereitet die Bühne für das Folgende (v. a. die drohende assyrische Belagerung Jerusalems/Judas).

6,1. ... als König Usija starb. Ca. 742 v. Chr. Diese Zeit ist durch den assyrischen König Tiglat-Pileser III. (745-727) bestimmt, unter dessen extrem radikaler Politik das assyrische Reich zu seinem Höhepunkt kam. Bereits 722 fand das Nordreich Israels durch die grausamen Assyrer sein Ende. In diesem politischen Klima schreibt Jesaja, und zwar nicht nur über private geistliche Dinge, sondern gerade eben auch über Außenpolitik, soziale Missstände und theologische Perspektiven.
Da sah ich den Herrn auf einem hohen, gewaltigen Thron sitzen. Ein König stirbt, und Jesaja sieht den König der Könige auf seinem Thron sitzen. – Diese Vision von Gott als dem eigentlichen König Israels ist in diesem historischen Umfeld eine tröstende Botschaft. Das Königtum in Juda erlebt nach Usija (einem recht guten und erfolgreichen König) einen beispiellosen Niedergang. Die ersten Leser von Jesajas Bericht werden das im eigenen Leben erfahren haben. Wie gut, dass im Hintergrund doch noch Gott regiert.
Der Saum seines Gewandes füllte den ganzen Tempel aus. Dies wird gleich nochmals durch die Seraphim (so werden die Engel im Hebräischen in 6,2 genannt) ausdrücklich ausgeweitet auf die ganze Erde **(6,3. „Seine Herrlichkeit erfüllt die ganze Welt.")**. So ist hier wohl nicht nur der Tempel Jerusalems gemeint, sondern Gottes himmlischer Thronsaal, wobei „himmlisch" hier nichts mit Atmosphäre oder Höhe zu tun hat, sondern mit der Dimension Gottes, die unsere drei Dimensionen durchdringt und stützt.
Die Metaphern **Saum und Rauch (6,4)** beschreiben das, was in **6,3** als **„Herrlichkeit"** bezeichnet wird und am ehesten als Gottes Art und Weise, diese Welt zu regieren, beschrieben werden kann. Mit Herrlichkeit (oder Ehre) sind im Allgemeinen Weisheit, Gerechtigkeit und Königtum verbunden. Gottes Ehre, d. h. seine Fähigkeit, ein guter König zu sein, wird hier auf die ganze Erde ausgedehnt und nicht nur auf Jerusalem beschränkt.

6,2. Er war umgeben von mächtigen Engeln. Ab und zu begegnet dem Leser im Alten Testament ein göttlicher Hofstaat (1 Mo 3,24; 1 Kön 22,19; Ps 82; 89; Hiob 1,6; Hes 1,5-21). Normalerweise werden diese Engel als Boten eingesetzt (vgl. den vorigen Abschnitt). Das Alte Testament ergeht sich nicht in großen Worten, was ihre Herkunft und speziellen Aufgaben betrifft. In der vorliegenden Vision vertreten sie das, was Gott ausmacht, und formulieren es an seiner Stelle:

6,3. „Heilig, heilig, heilig". Gott ist per Definition heilig. Das, was für Gott ausgesondert ist, was allein zu seiner Verfügung steht, das wird im Alten Testament als heilig bezeichnet. Das Gegenteil zu heilig ist nicht „moralisch verwerflich", sondern „profan" – normal, im Alltag benutzbar. Hier wird also die Göttlichkeit Gottes unterstrichen. Dies macht an dieser Stelle Sinn, weil Jesajas Zeitgenossen ihr Leben offensichtlich ohne große Achtung vor ihrem Gott gestalteten (wie die vorangehenden und nachfolgenden Kapitel immer wieder zeigen).
Vorher wurde Gott immer wieder als „der Heilige" bezeichnet (1,4; 5,16.19.24). Es ist jener Gott, der ein unbeschreiblich grausames Gericht über Juda kommen lassen wird, der auch hier dem Propheten begegnet.
Für den Propheten ist es wichtig, dass seine Botschaft, besonders eine so negative, von Gott her legitimiert ist. Der Visionsbericht versucht genau das zu tun: Der Heilige Israels kann und wird auch Unheil über Israel-Juda bringen. Dieser Gottkönig hat die gesamte Welt in seinem Einflussbereich, bestimmt daher auch z. B. über die Assyrer und wird sie als Strafe für Juda einsetzen. Dieser Gedanke wird bereits in 5,18 geäußert, wo sich Gottes Heiligkeit in seiner Gerechtigkeit ausdrückt (vgl. auch die Rede in 5,18 vom Erhöhtsein Gottes, das ja auch Jesajas Vision bestimmt).

6,4. ... und das ganze Heiligtum war voller Rauch. Dieser Rauch kontrastiert die Wolken, die die herannahenden Feinde Judas begleiten und dort für Dunkelheit und Angst sorgen (5,30!). Hier sieht und hört der Prophet den Gegenpol zu dem, was auf der Erde an Juda geschieht.

6,5. Dabei hat er das Schuldbewusstsein, das sein Volk schmerzlich vermissen lässt (5,18-23): **Ich bin ein Sünder und gehöre zu einem Volk von Sündern.** Dies steht in direktem Gegensatz zu dem Lobpreis der Engel, die behaupten, dass Gottes Herrlichkeit die ganze Erde erfüllt. Jesaja hält also dagegen, dass das wohl nicht stimmen kann, er muss ja nur seine eigene Sündhaftigkeit, ganz zu schweigen von der seines Volkes, nennen.
Wie wir bereits bei anderen Gottesbegegnungen vorher gesehen haben, galt es als lebensgefährlich, Gott direkt zu sehen. Gottes Gegenwart ist nicht kompatibel mit unserer menschlichen Verfallenheit. Doch Gott hat den Willen und die Möglichkeiten, uns in seiner Gegenwart zu dulden, ja sogar sich daran zu erfreuen. Und doch ist es gut, sich immer wieder seiner eigenen Sündhaftigkeit bewusst zu werden, sie wie Jesaja auszusprechen und dann doch Gottes Annahme zu akzeptieren (ebenfalls wie Jesaja).

6,7. Er berührte damit meinen Mund und sagte: „Die glühende Kohle hat deine Lippen berührt. Deine Schuld ist jetzt weggenommen ..." Wahrscheinlich wird hier auf den Tempelkult angespielt. Das Feuer des Altars reinigt symbolisch den Opfernden, der dadurch wieder für Gottes Gegenwart „fit gemacht" wird, der also wieder geheiligt in Gottes Nähe sein kann.
Hier wird bewusst Jesajas Mund gereinigt. Jetzt kann er Gottes Worte, die ja ebenso heilig sind wie Gott selbst, dem Volk mitteilen. Vor allem geht es darum, dass Jesajas Botschaft auf diese Weise von Gott „abgesegnet" ist.
Unsere Worte, wofür hier Mund und Lippen stehen, haben Macht, die Wirklichkeit zu verändern. Worte können zu Gewalt missbraucht werden (Ps 140,4), oder aber sie können Freiheit und Frieden schaffen (Spr 15,4).
Die Verderbnis des Volkes in Juda, vor allem der Verantwortlichen, zeigte sich sowohl in Taten als auch in den sie begleitenden Worten (5,20). Jesajas Botschaft ist zwar unbequem, soll aber doch zu Gerechtigkeit führen, und damit Wohltat für das Volk sein.

6,8. Danach hörte ich den Herrn fragen: „Wen soll ich als Boten zu meinem Volk senden?" ... Ich antwortete: „Ich bin bereit, sende mich!" Eigentlich sollte man meinen, dass hier einer der anwesenden Engel (normalerweise sind *sie* ja Gottes Boten) aufspringt und sich für diese Aufgabe meldet. Doch es ist Jesaja, der sich schicken und göttliche Vollmacht für seine Mission geben lässt. Wahrscheinlich hat ihn seine Sorge um seine Volksgenossen motiviert. Er scheint ja die Hoffnung gehabt zu haben, dass ein ähnliches Sündenbekenntnis wie das seine vonseiten des Volkes ebenfalls zu Vergebung und zu einer Abwendung des Unheils führen könnte. Es treibt ihn also seine Solidarität und die Hoffnung auf die Gnade Gottes.

6,9-10. Da sprach er: „Geh und sag diesem Volk: ‚Hört mir nur zu, solange ihr wollt, ihr werdet doch nichts verstehen. ...' Sag ihnen das, und mach ihre Herzen hart und gleichgültig, verstopf ihre Ohren, und verkleb ihre Augen! Sie sollen weder sehen noch hören, noch mit dem Herzen etwas verstehen, damit sie nicht umkehren und geheilt werden." Gottes Botschaft ist unmissverständlich. Wieder geht es um Sehen und Hören, doch beides soll nicht zu Verstehen führen. Es ist jedoch nicht so, dass Jesaja irgendwelche unverständlichen Botschaften von sich geben soll. Er soll die Wahrheit verkünden und das Volk zur Umkehr rufen. Er wird nur eben keinen Erfolg haben. Dies erinnert stark an die Verblendung des Pharao, die ebenfalls sowohl von ihm selbst als auch von Gott ausging.
Hier die Frage der Prädestination, der göttlichen Vorsehung, zu stellen und dann zu sagen: „Na, die konnten ja nicht anders", wäre zu kurz gedacht. Was wäre auch damit gewonnen? Sollte Israel etwa auf diese Weise schuldunfähig gesprochen werden?
Nein, Gott reagiert. Er verfestigt hier das, was das Volk bzw. vor allem seine Vertreter bereits seit Jahrzehnten leben. Wenn Gott nicht irgendwann einschreiten und richten würde, würde er ja letztlich mit der Ungerechtigkeit gemeinsame Sache machen. Dies wäre im biblischen Weltbild unvorstellbar. Offensichtlich kann Sünde zu einer hoffnungslosen Verfangenheit und Unentwirrbarkeit der Situation führen, die dann nur durch einen radikalen Neuanfang beseitigt werden kann. Das scheint Gott zu beabsichtigen.
Das, was Gott hier beschreibt, ist genau das Gegenteil von dem, was prophetisches Wort eigentlich soll: Verständnis schaffen und darauf gründend zu Umkehr führen. Aber Gott kündigt lediglich an, was dann tatsächlich passiert: Die Propheten des 8. Jahrhunderts waren allesamt bemerkenswert erfolglos, was Umkehr bei ihren Zeitgenossen anging (vgl. Jes 7-8!).
Jesaja hat es nicht in der Hand, was seine Hörer mit seiner Botschaft machen. Es liegt an ihnen, sich den Worten zu öffnen, sie anzunehmen und daraus Konsequenzen zu ziehen – und es liegt auch an Gottes Gnade, wenn Menschen Sünde wirklich als solche erkennen und umkehren.

6,11. Ich fragte: „Herr, wie lange soll das so gehen?" Jesaja scheint sich mit dem Gedanken, dass Juda so verstockt ist, nicht anfreunden zu wollen. Er hatte den Auftrag in 6,8 schließlich aus ganz anderer Motivation angenommen. Mit seiner Frage stellt er Gottes Ankündigung infrage.

... und er antwortete: „Bis die Städte entvölkert und zerstört sind ...“ Gott selbst sieht keine Hoffnung – zumindest zunächst nicht. Die Verstockung wird bis zum Ende gehen, bis fast niemand mehr zum Umkehren da ist. Weil Juda seine Schuld nicht erkennen will und wird, ist das Exil unausweichlich (6,12).

Es ist nicht Gottes Wunsch, der sich hier erfüllt, sondern ernste und wohlbegründete Konsequenz an jenen, die sich so in ihrem Fehlverhalten festgefahren haben, dass selbst ein so begabter und geschickter Prophet wie Jesaja weder Einsicht noch Umkehr bewirken kann. Und doch gibt es Hoffnung: den **Stumpf (6,13)**. Aus diesem Stumpf wird sich Gott ein neues Volk schaffen, das nun wirklich sein Volk heißen wird (**ein Volk, das mir gehört; 6,13**).

Schlussbemerkung: Vielleicht muss man an dieser Stelle den Blick heben zu dem, was Jesaja später noch an Hoffnung anzubieten hat. Er predigt nicht nur Abfall und Vergehen (wie heute manche Endzeitpropheten, die anscheinend mit innerer Genugtuung auf ein furchtbares Gericht über die Gottlosen warten). Die Hoffnung auf den Stumpf ist gegründet in dem Bild von Gott, dem König, der die gesamte Weltgeschichte lenkt. Das war keine Utopie, wenn man bedenkt, dass Juda tatsächlich aus dem Exil zurück ins Land Israel durfte.

Es ist noch weniger Utopie, wenn Gott immer wieder seine schwache Kirche in den Dienst nimmt, die sich – trotz ihrer vielen Unzulänglichkeiten – wie der Prophet an vielen Punkten für Gottes Gerechtigkeit, Versöhnung und Liebe einsetzt.

10 Hesekiels Tempelvision

HESEKIEL 10,1-19

Einstieg
15–20 Minuten
Wählen Sie bitte eine oder zwei Fragen aus.

1. Der Text von heute bedient sich einer sehr bildhaften Sprache. Tragen Sie in der Gruppe ein paar aktuelle Beispiele für bildhafte Sprache zusammen. Warum verstehen wir so gut, was eigentlich gemeint ist?

2. Was würde passieren, wenn ein amtierender Bundeskanzler eines Tages einfach seine Sachen packen und in ein anderes Land umziehen würde, ohne weitere Worte zu verlieren?

Eine traumatische Begegnung

1 Ich schaute auf das Gewölbe über den Köpfen der Cherub-Engel. Darüber entdeckte ich etwas, das aussah wie ein Thron aus Saphir. 2 Der Herr sagte zu dem Mann, der das Gewand aus Leinen trug: „Geh zu den Engeln oberhalb der Räder. Zwischen den Engeln findest du glühende Kohlen. Nimm zwei Hände voll, und streu sie über die Stadt!" Da ging der Mann vor meinen Augen in die Mitte zwischen die Engel. 3 Sie standen an der Südseite des Tempels, und eine Wolke erfüllte den inneren Vorhof.
4 Die Erscheinung der Herrlichkeit des Herrn erhob sich vom Thron über den Engeln und ließ sich an der Schwelle des Tempels nieder. Der ganze Tempel wurde von der Wolke erfüllt, und der Vorhof erstrahlte im Licht der Herrlichkeit des Herrn. 5 Das Flügelrauschen der Engel war bis zum äußersten Vorhof zu hören. Es klang wie die Stimme des allmächtigen Gottes. 6 Als nun der Herr dem Mann mit dem Leinengewand befohlen hatte: „Hol von dem Feuer, das zwischen den Rädern bei den Engeln brennt!", da ging er und stellte sich neben ein Rad. 7 Einer der Cherub-Engel streckte seine Hand nach dem Feuer aus, das zwischen ihnen brannte, nahm glühende Kohlen und legte sie in die Hände des Mannes mit dem Leinengewand. Der ging damit hinaus.
8 Ich bemerkte, dass jeder Cherub-Engel unter seinen Flügeln etwas wie eine menschliche Hand hatte. 9 Neben jedem Engel sah ich eines der vier Räder. Die Räder schimmerten wie ein Türkis 10 und waren alle gleich gebaut: Mitten in jedes Rad war ein zweites im rechten Winkel eingefügt. 11 Darum konnten sie in jede beliebige Richtung laufen und brauchten dabei nicht zu wenden. Wohin das erste von ihnen lief, dorthin liefen die anderen auch, ohne zu wenden. 12-13 Der ganze Körper der Engel, ihr Rücken und ihre Flügel waren überall mit Augen bedeckt. Auch die Räder, die „Wirbelwind" genannt wurden, waren voller Augen.

[14] Jeder Engel hatte vier Gesichter: das eines Engels, das eines Menschen,
das eines Löwen und das eines Adlers. [15] Es war dieselbe Erscheinung wie
am Fluss Kebar. Wenn die Engel sich erhoben [16] und fortbewegten, dann
liefen auch die Räder mit; und wenn die Engel ihre Flügel schwangen,
um zu fliegen, dann waren die Räder immer an ihrer Seite. [17] Blieben die
Engel stehen, dann standen auch die Räder still. Hoben sich die Engel
vom Boden, dann erhoben sich auch die Räder mit ihnen. Denn die
Engel lenkten die Räder, wohin sie wollten.
[18] Die Erscheinung des Herrn in seiner Herrlichkeit verließ die Schwelle
des Tempels und nahm wieder den Platz über den Engeln ein. [19] Die
Engel schwangen ihre Flügel und erhoben sich vor meinen Augen von
der Erde. Sie bewegten sich fort, und die Räder liefen mit ihnen. Vor dem
Eingang am Osttor des Tempels blieben sie stehen. Über ihnen thronte
der Herr in seiner Herrlichkeit.

Bibelgespräch

30–45 Minuten
Wählen Sie ggf. unter den Fragen aus.

1. Wenn Sie ein paar Minuten Zeit haben, dann lesen Sie doch mal Hes 8-9, damit Ihnen der Kontext klar wird. (Wenn nicht, so finden Sie eine knappe Zusammenfassung in den Erläuterungen.) Vielleicht finden Sie auch heraus, wo Hesekiel war, als er diese Vision hatte.

2. Wenn Sie einmal von den ganzen symbolischen Bildern absehen: Welche zwei Vorgänge beschreibt Hesekiel in diesem Kapitel?

3. Diese Vision lässt sich wohl am besten als eine Collage, als ein zusammengesetztes Bild aus vielen verschiedenen alttestamentlichen Texten und Ideen verstehen. Welche kommen Ihnen beim Lesen in den Sinn?

4. In der Vision Jesajas (Jes 6) hatten die Kohlen reinigende Wirkung. Wie würden Sie das Bild der Kohlen in 10,2-7 beschreiben? Welche Stadt könnte gemeint sein?

5. Tragen Sie in der Gruppe zusammen, was der Tempel für die Israeliten bedeutet hat. Was könnte es für Konsequenzen gehabt haben, dass Gott in dieser Vision am Ende den Tempel verlässt (10,18)?

6. Vergleichen Sie den Tempel als Symbol für Gottes Gegenwart mit dem Thron als Symbol für Gottes Gegenwart aus Hesekiels Vision. Vielleicht hilft Ihnen das Wortpaar statisch/mobil. Was könnte das damit zu tun haben, dass Israel im Exil war?

Austausch und Gebet
15–30 Minuten

Wählen Sie ggf. unter den Fragen aus. Sie können das Gespräch mit einem gemeinsamen Gebet abschließen, in dem Sie auf mögliche Fragen und Anliegen Bezug nehmen, die im Gespräch deutlich geworden sind. Fragen, die nicht in der Gruppe thematisiert werden, können Ihnen auch als Anstoß dienen, zu Hause den Text vertiefend zu betrachten.

1. Was hat dieser Text in Ihnen ausgelöst? Wie kommen Sie damit zurecht, dass eine Gottesbegegnung auch traumatisch, verstörend und unverständlich ablaufen kann? Inwiefern erkennen Sie eine Tendenz in unserer Gesellschaft, Gott zu zähmen und den seltsamen Gott auszuklammern?

2. Inwiefern hilft Ihnen die Vorstellung, dass Gott nicht auf einen bestimmten Ort festgelegt ist? Gibt es einen Bereich in Ihrem Leben, wo Gott jetzt von Ihnen Veränderung erwarten könnte?

3. Wenn Sie in der Gruppe mal kurz (!) alle Gottesbegegnungen aus diesem Heft Revue passieren lassen, welche hat Sie besonders fasziniert? Warum? Welchen konkreten Wunsch an Gott würden Sie formulieren wollen?

Erläuterungen

Zusammenfassung: Hesekiel war schon etwas speziell. Was er von Gott sagen musste, war eher „normal" für einen Propheten. Aber wie er es sagte, das war manchmal etwas sonderbar.
Was die Sache für uns noch komplizierter macht, ist die Tatsache, dass Hesekiel Priester war und ein großer Fan von all den symbolischen Bedeutungen des Tempels, des Gottesdienstes und der Reinheitsgebote. Zu diesen Dingen haben wir heutzutage kaum noch einen Draht. So müssen wir uns ein wenig mehr bemühen, seine Botschaft zu verstehen. Wir müssen versuchen, uns auf eine Weltsicht einzulassen, die in unserer eigenen nicht vorkommt. Gott begegnete Hesekiel in seinen Visionen so, wie Hesekiel es am besten verstehen konnte, und so gab Hesekiel seine Visionen auch an seine Zeitgenossen weiter.

Kontext Hes 8-9. Im Exil empfängt Hesekiel eine Vision, die sich komplett in Jerusalem abspielt. Zunächst bekommt er vorgeführt, wie der Tempel dort entweiht wird und viele Menschen aus dem Volk sich am Götzendienst beteiligen (Hes 8). Daraufhin sieht Hesekiel, wie sechs Männer in Jerusalem alle umbringen, die bei dem Götzendienst mitgemacht haben. Die Männer begründen ihre Tat damit, dass nun das Maß voll sei (Hes 9). Mit dieser Vision interpretiert Hesekiel das erfahrene Exil als Konsequenz der Schuld des Volkes (9,9-10!). Dieses Erlebnis war traumatisch, so wie auch die nun folgende Vision, die am ehesten als eine Komposition aus Zitaten und Vorstellungen aus anderen alttestamentlichen Texten verstanden werden kann. Dabei geht es mehr um den vermittelten Gesamteindruck als um eine Erklärung für jedes Detail.

10,1. Ich schaute auf das Gewölbe über den Köpfen der Cherub-Engel. Hier knüpft Hesekiel an die Thronvision aus Hes 1 an (1,22). Was hier als Gewölbe bezeichnet wird, ist das Wort für Firmament, wie es nur in 1 Mo 1, in Hes 1, hier und dann bezeichnenderweise in Ps 19,2 und 150,1 benutzt wird, wo es ebenfalls um Gottes Herrlichkeit geht. Das **Gewölbe** und der **Thron aus Saphir** erinnern an die Beschreibung der Gotteserscheinung in 2 Mo 24,10: „Der Boden unter seinen Füßen leuchtete wie mit Saphiren bedeckt, blau und klar wie der Himmel."
Bei Hesekiel kommen also Bilder zusammen, die Gott einerseits in seiner weltumfassenden Gegenwart als auch in seiner besonderen Gegenwart beim Volk Gottes beschreiben. Dies passt wunderbar zu seiner Situation und Gesamtbotschaft. Es gab keinen Tempel mehr, kein Jerusalem, kein Zion, wo Gottes Gegenwart lokalisierbar wäre.

So stellt Hesekiel durch seine Visionen den Vertriebenen im fernen Babylon ihren Gott als allgegenwärtig und weltumspannend vor. Diese Vision ist wunderbarer Trost, denn an Gottes Gegenwart ist für die Juden alles gelegen – nur wenn er dabei ist, kann es überhaupt Hoffnung geben.

10,2. Der Herr sagte zu dem Mann, der das Gewand aus Leinen trug ... Gemeint ist der Priester aus 9,2-11 – einer der „Vollstrecker" von Gottes Gericht an Jerusalem.
„Zwischen den Engeln findest du glühende Kohlen ... streu sie über die Stadt!" Dieser Priester nimmt Feuer von Gottes mobilem (himmlischen) Altar und setzt symbolisch Jerusalem in Brand – wieder ein Gerichtsbild. Hintergrund ist (wie in Jes 6) der Versöhnungstag, an dem ebenfalls ein symbolischer Vorgang mit glühenden Kohlen vom Altar beschrieben wird (3 Mo 16,12). Ziel ist wohl wieder die Reinigung der Stadt von der angesammelten moralischen Unreinheit des Volkes.

10,3-7. Der Auftrag wird nun ausgeführt, wobei die Betonung auf den erschreckenden, die Gotteserscheinung begleitenden, Phänomenen liegt. Hier kann man an die Gottesbegegnung Israels am Sinai (2 Mo 19) und auch an Jesajas Tempelvision (Jes 6) denken. Allerdings ist die Herrlichkeit Gottes nicht auf dem Weg hin zum Volk Israel, sondern bereits auf halbem Weg nach draußen, weg vom Tempel, weg von Jerusalem. Hier geht eine Epoche zu Ende.

10,8-17. Cherub-Engel ... Räder ... Augen. Dieser Teil der Vision ist eine Wiederholung von Hes 1. Die **Cherubim** sind wiederum aus Jes 6 bekannt (Seraphim), aber auch aus der Stiftshütte: Auf der Bundeslade und auf den Vorhängen, die das Allerheiligste abschlossen, waren sie abgebildet (2 Mo 25-26; 36-37). Diese Elemente wurden dann natürlich auch im salomonischen Tempel übernommen (1 Kön 6-8). Jeder der Hörer dieser Vision wird sofort an das Allerheiligste denken, das jetzt allerdings mobil gestaltet ist: Nichts anderes sollen die **Räder**, die in alle Richtungen beweglich sind, bedeuten. Die Rede vom Fortbewegen und Stillstehen erinnert an die Wolken- und Feuersäule, die in der Wüste als Ort der Gegenwart Gottes ebenfalls das Umherziehen und Lagern der Israeliten (und damit auch des Zeltheiligtums) bestimmte (2 Mo 13,21-22).
Gott selbst bestimmt den Ort seiner Gegenwart. Er hatte sich auf den Tempel in Jerusalem festgelegt, doch jetzt kann er nicht mehr inmitten Israels „wohnen". Er zieht aus (vgl. 33,21-22).

10,14. Jeder Engel hatte vier Gesichter ... In der Vision aus Hes 1 war das Engelsgesicht das eines Ochsen, die anderen drei sind in beiden Visionen gleich. Zur Vision in Hes 1 gibt es einen rabbinischen Kommentar, der sie folgendermaßen erklärt: Der Mensch ist das höchste unter allen Lebewesen, der Adler unter den Vögeln, der Ochse unter den gezähmten Tieren und der Löwe unter den Wildtieren. Doch stehen sie alle unter dem Wagen des Heiligen. So könnte man hier die gesamte Schöpfung als symbolisch gegenwärtig sehen.
Was soll aber durch diese ganzen Bilder ausgedrückt werden? Möglicherweise steht hinter diesen symbolischen Gesichtern die akkadische/babylonische Bildsymbolik (die Götter Nebo, Nergal, Marduk und Ninurta wurden entsprechend dargestellt). Auch die Füße der Cherubim sind laut Hes 1,7 wie Ochsenfüße, was ebenfalls an die assyrische Tradition anknüpft, die die *kuribu* (das akkadische Wort für Cherub) mit Stierköpfen darstellt.
Wir können die Bedeutung all dieser Symbole heute nur schwer nachvollziehen, möglicherweise trifft der rabbinische Kommentar den Sinn aber ganz gut, denn so wie die Tierwelt würden auch die babylonischen Hauptgötter dem Gott Israels untergeordnet. Sie dienen Gott, so wie die Assyrer und Babylonier Gott dienen, indem sie Gottes Gericht an Israel (und anderen Völkern) ausführen. Zu den Augen weiß ich nichts Schlaues zu sagen, aber vielleicht haben Sie in der Gruppe eine gute Idee dazu.

10,19. Sie bewegten sich fort ... Vor dem Eingang am Osttor des Tempels blieben sie stehen. Gott hat seinen mobilen Thron bestiegen und verlässt nun den Tempelbezirk durchs Osttor. Das Wesentlichste des Tempels ist nun fort. Aber es ist nicht aufgelöst, es ist nun vielmehr an jedem Ort (34,11-14).
Der Gott, den die Israeliten als untrennbar mit seinem Tempel verbunden wussten, wird hier als Gott des Kosmos vorgestellt. Damit ermöglicht es Hesekiel den Juden außerhalb des Landes, ihren Glauben nicht aufzugeben, sondern ihm in einer neuen Form Ausdruck zu verleihen: *Gott ist auch bei uns!*
Später wird Hesekiel die Gegenwart Gottes am rechtschaffenen Leben seiner Nachfolger festmachen (18,30-31; 36,26). Damit nimmt er wesentliche Elemente aus 3 Mo 17-26, dem sog. Heiligkeitsgesetz, auf, welches sehr um die persönliche Ethik des Einzelnen im Volk bemüht ist.
Gott nachzufolgen ist sozusagen wie ein im Winkel stehender Spiegel: In einem solchen Spiegel sieht man sich nicht selbst. In diesem Falle sollten die anderen in uns Gott erkennen. Wenn wir so Gott in unser Umfeld hinein reflektieren, ist er selbst gegenwärtig.

Schlussbemerkung: Der Altar hat Räder bekommen. Er ist nicht mehr an Jerusalem gebunden. Das Allerheiligste des salomonischen Tempels wird in den Himmel gerückt. Gott thront über aller Schöpfung, die in der Vision offensichtlich genau das tut, was Gott will (im Gegensatz zu seinem Volk Israel/Juda).

Gott begegnet Hesekiel in dieser Vision im Exil, in einem fernen, unreinen Land. Das Exil und die Ferne zum Tempel haben ihn also nicht zum Schweigen gebracht. Nur mit dieser neuen Konzeption konnte das Judentum von einem lokalen Kult zu einer Vision für die gesamte Welt werden. Diese neue Weltsicht ist ein gewaltiger Denkschritt gewesen, einer, der seinen Schatten vorauswirft in die Zeit von Jesus und darüber hinaus. Gott ist kein Provinzgott, der sich nur um seinen kleinen privaten Streifen Erde im Vorderen Orient kümmert. Die ganze Welt ist sein „Heiliges Land“, er hat sie geschaffen, hat jedem Menschen die Möglichkeit seines Beiseins erschlossen. Der neue Tempel ist die Gegenwart Gottes in aller Welt durch die Menschen, die Jesus nachfolgen.

Notizen

N. T. Wright: Bibelkommentare *für heute*

Die Bibel, erklärt und ausgelegt von N. T. Wright. Intelligent, aber nicht hochgestochen. Eingängig, aber nicht zu simpel. Die einzelnen Bibelabschnitte werden verständlich vor dem Hintergrund dessen, was wir heute über Jesus und seine Zeit wissen. Und sie werden lebendig für das Leben mit Jesus heute.

N.T. Wright ist international einer der einflussreichsten Theologen der Gegenwart. Und er kann sich so klar ausdrücken, dass ihn jeder Leser verstehen kann. Inzwischen hat er alle 27 Bücher des Neuen Testaments kommentiert. Wer sich selbstständig mit der Bibel und ihrer praktischen Relevanz „für heute" befassen will, ist hier an der richtigen Adresse.

Prof. Dr. Armin Baum, Freie Theologische Hochschule Gießen

Weitere Informationen auf www.brunnen-verlag.de

Tim Dowley

Brunnen Bibelatlas

32 Seiten
ISBN 978-3-7655-6199-3

Auf 32 Seiten bieten detailgenaue Reliefkarten einen Überblick über die Geografie der Bibel: Ereignisse, Orte, Reiserouten, Grenzen von Ländern und Stammesgebieten sind in den Karten verzeichnet. Der kompakte „BRUNNEN Bibelatlas“ – nun völlig überarbeitet und im neuen Design.